台湾法の歴史と思想

後藤武秀 著
GOTO Takehide

法律文化社

台湾法の歴史と思想◆目　次

第1部　日本統治下の台湾法

第1章　台湾法史研究の意義 …………………… 3

　1　台湾の歴史 (3)
　2　台湾史の見方 (5)
　3　日本統治時代の時期区分 (7)
　　(1)　台湾経営史から見た時期区分 (7)
　　(2)　法制史の時期区分 (9)
　　　①　軍政時期
　　　②　特別統治時期
　　　③　内地法延長時期
　4　法文化史の立場 (12)

第2章　日清条約と台湾の領有 …………………… 14

　1　日清条約と台湾の割譲 (14)
　2　台湾及澎湖列島住民退去条規 (16)
　3　住民退去条規と裁判 (17)

第3章　台湾統治基本法の変遷 …………………… 25

　1　台湾統治の基本方針 (25)
　2　六三法の制定 (26)
　3　三一法の制定 (28)
　4　法三号の制定 (31)

5　法三号の施行と台湾の特殊事情の調整 (33)
　　6　委任立法と帝国憲法の関係 (35)

第4章　裁判所制度の創設と変遷 …………………… 38

　　1　裁判所制度の変遷 (38)
　　　(1)　軍政時期の紛争処理 (38)
　　　(2)　民政時期の裁判所制度 (39)
　　　　　①　三級三審制
　　　　　②　二級二審制
　　　　　③　臨時法院
　　　　　④　二級三審制
　　2　台湾における司法権の独立性 (43)
　　3　台湾領有初期における民訴不受理法 (45)
　　4　民訴不受理法の運用 (48)
　　5　民事争訟調停制度 (53)
　　6　南中国の領事館の裁判権 (54)

第5章　刑　事　法 ………………………………… 56

　　1　軍政時期の刑事法 (56)
　　2　民政時期の刑事法 (57)
　　3　匪徒刑罰令 (58)
　　4　犯罪即決制度 (61)
　　5　治安維持のための諸施策 (63)
　　6　アヘンに関する罪 (66)
　　7　行　　刑 (67)

第6章　民　事　法 ………………………………… 69

　　1　民事事件の適用法 (69)
　　2　台湾の慣習 (71)

- (1) 慣習調査事業 (71)
- (2) 土地に関する慣習と土地整理 (73)
- (3) 家族に関する慣習 (74)
- (4) 祖先祭祀と家族及び土地所有の結合した慣習 (78)

第2部　第二次大戦後の台湾法

第1章 党国体制下の政治と法 …………………………… 87

1. 中華民国による台湾接収 (87)
2. 中華民国憲法の制定 (89)
3. 戒厳令と動員戡乱時期臨時条款 (90)
4. 戒厳令と動員戡乱時期臨時条款下の法制度 (95)
5. 民主化要求と弾圧 (98)
6. 行政機構の矛盾 (102)

第2章 台湾経済の発展と戒厳令解除後の法 ………… 104

1. 戦後の台湾経済 (104)
2. 憲法修正 (108)
3. 国家発展会議以降の憲法修正 (110)
4. 会社法改正 (114)

第3章 戦後台湾における祭祀公業の変遷 ………… 118

1. 解体整理か再編か (118)
2. 中華民国期における祭祀公業の整理 (119)
3. 祭祀公業解体整理の事例 (122)
   - (1) 祭祀公業陳懐の解体整理 (122)
   - (2) 祭祀公業陳悦記の解体整理 (125)
4. 財団法人祭祀公業の新設 (129)

5　祭祀公業の将来 (133)

第3部　台湾人の法観念

第1章　台湾における罪観念 …………………………… 137
　　　　──『玉歴鈔伝』の描く罪とその予防──

　　1　勧善懲悪思想の復活 (137)
　　2　『玉歴鈔伝』の概要 (139)
　　3　地獄十殿と罪 (141)
　　4　『玉歴鈔伝』に見られる罪の類型 (149)
　　5　現代社会に示唆するもの (151)

第2章　法文化と食文化 ………………………………… 153

　　1　法文化の一側面としての法行動 (153)
　　2　食文化の比較 (154)
　　3　法行動の比較 (157)
　　4　行動を促す要因 (159)
　　　　──国家に対する信頼度──

資　　　料
参　考　文　献
あ　と　が　き

第 1 部　　日本統治下の台湾法

第1章　台湾法史研究の意義

1　台湾の歴史

　歴史学というのは，ある民族やある地域の過去からの歩みを紐解いていく学問であることについては異論のないところであろう。日本史であれば，日本列島を中心としたいわゆる日本人の歩みを考察する。文字文献に依拠するか，伝承や説話も題材として扱うかなど，具体的方法になるとさまざまな見解があるが，この点に疑問を差し挟む人はいないであろう。なぜなら，日本の領域は時代によって大きくなったり小さくなったりしているが，日本列島を中心として，いつの時代にもそこに広い意味での日本国が存在し，日本人が暮らしてきているからである。

　ところが，台湾の場合に，そのようなものとしての歴史を構築することがなかなか難しい。台湾の歴史が台湾史であり，その法的歩みが台湾法史であることは，何の問題もないとしても，それがいかなる国の歴史であり，誰の歴史であるのかということになると，日本のようにほぼ1つの領域をほぼ同じ民族が支配してきた国の歴史と同列に扱うことはできない。ここにこそ，台湾史をめぐる問題があるのであり，そして，台湾の法史をどのように位置づけるかという問題があるのである。

　台湾は，フィリピンの北側，中国大陸の福建省の対岸，そして現在の日本の最西端である与那国島の西に位置するさつま芋のような形をした島である。もう少し巨視的に見れば，中国大陸の東南，東北アジアの西南，東南アジアの東北に位置している。このようにフィリピンからも，中国大陸からも，そして日本からも近く，しかも海路の要衝にあるという地理的な位置関係が台湾に住む人々の民族的属性を決定し，そしていかなる国家がこの島を支配してきたかを

決定している。

　台湾にいつごろから人間が暮らすようになったのかは定かでないが，先史時代遺跡がいくつも発見されていることから見ると，数千年前から人間がいたことは間違いがない。しかし，よく「台湾 400 年の歴史」と言われるように，台湾が歴史の舞台に登場してくるのはおよそ 400 年ほど前からである。それまではポリネシア系のいくつかの部族からなる先住民が暮らしていた。そこには，国家と呼べるような支配機構は存在していなかった。秦漢，三国，隋，宋，元の時代に台湾に関すると考えられる記述が史書に見られるが，政治機構は存在しなかったようである。1500 年代には中国大陸から台湾海峡を渡って中国人が渡来して居住するようになったようであるが，初めて渡来したのがいつかはわからない。

　1600 年代になると，ヨーロッパ勢力のアジア展開が起こり，オランダが台湾南部，スペインが台湾北部に貿易拠点を作り，限定的な統治を行ったが，やがてスペインはオランダに駆逐された。1624 年から 1662 年までの 38 年間をオランダ支配時期と呼ぶ。この頃，中国大陸では明朝が弱体化し，女真族を統合した後金国が清朝を樹立し，その勢力を増してくると，明朝の残存勢力の一部は長江を渡って南下し，福建省の地元勢力を頼った。これに呼応した鄭成功が明朝の復興を掲げて水軍を編成し，清朝に戦いを挑んだが敗れ，台湾に逃れてオランダ勢力を駆逐し，鄭氏王朝を開いた。1662 年からが鄭氏による支配の時期である。しかし，鄭氏王朝はわずか 22 年間しか続かず，1683 年には清朝による支配が行われるようになった。

　その後，200 年余りにわたり清朝の版図の一部に台湾は組み入れられたが，1895（明治 28）年，日清戦争により日本がこれを取得した。1945（昭和 20）年，日本がポツダム宣言を受諾して台湾支配を放棄するまで，台湾は日本の一部であったのである。そして，1945（昭和 20）年以降，台湾は中国大陸に首都を置く中華民国がその一部として支配している。もっとも，これは中華民国を長期にわたり一党独裁の下に支配してきた中国国民党のかつての主張に従った説明であり，実際には，1949（昭和 24）年に中国大陸に中華人民共和国が成立すると，中華民国の実効支配領域は台湾といくつかの付属島嶼だけになってしまった。

ところで，中華民国が台湾を支配し始めたころに中国大陸から多くの中国人が台湾に流入した。これらの人々を外省人，1945（昭和20）年以前から台湾に居住してきた人々を本省人と呼び，同じ漢族でありながらも両者は意識的に区別されてきた。国民党の独裁政権は中国大陸から戒厳令を持ち込んだが，本省人の政治意識の高まりを受けて1987（民国76，昭和62）年に戒厳令が解除される直前に非合法ながら国民党以外の政党である民進党が結成され，2000（民国89，平成12）年には民進党政権が誕生した。

　以上に略述した台湾の歴史を基礎として，清朝支配以降の台湾の歴史がいかなる国の歴史であり，誰の歴史であるのかについて検討してみよう。第1に，1683年から1895（明治28）年までは清朝の，すなわち中国大陸の歴史の一部分であった。第2に，1895（明治28）年から1945（昭和20）年までは日本の歴史の一部分であった。したがって，日本人の歴史であり，日本人となっていく台湾人の歴史である。第3に，1945（昭和20）年以降は中華民国の歴史であり，中華民国は清朝を継承した政権であるから台湾は大中国史の一部分である。したがって，中国大陸の漢族を中心とした人々の歴史であり，台湾人の歴史はきわめて小さなものとしてその一部に組み込まれていく。そして第4に，1949（昭和24）年以降，中国大陸には中華人民共和国が存在するので，台湾はそれとは別の政権であり，したがって大中国史の一部分ではなく，台湾という領域の歴史こそが台湾史である。この立場では，清朝，日本，中華民国という外来政権の支配から離脱し，中国大陸の中国とは無関係の国家を築き上げていく台湾人が主体となる。

2　台湾史の見方

　このように，台湾史がいかなる国の，そして誰の歴史であるかについて，実に多様な見解が存在している。では，われわれは台湾史を見るとき，それをどのようなものとして見なければならないのであろうか。

　1つの方法は，日本史の延長として見ることである。たしかに1895（明治28）年からの50年間は，台湾は日本の領土であり，そこに日本国が存在した

ことは間違いがない。実際，日本では多くの研究は，日本史の一部分としてこの50年の歴史を語っている。台湾法史についても，これを植民地法制として，日本法史の中に位置づける。しかし，この立場は注意を要する。なぜなら，この地域の歴史が1945（昭和20）年を最後として，突如として日本史の対象ではなくなるからである。このような歴史的事実を前提として，日本史ないしは日本法史の課題設定をするならば，日本内地法や内地の制度がどのように台湾に持ち込まれ，それらが台湾の慣行との相克の中でどのように変化したか，という問題の解明に当たることになる。台湾人が，日本から持ち込まれた法や制度の下で，これをどのように受容し，また，台湾人の慣行がどのように変容したのか，という問題は研究対象とならない。さらには，日本統治時代の法的変容が現代の台湾の法文化にどのように影響しているかという問題も，研究対象とはならない。なぜなら，それは台湾人の歴史の問題であって，日本人の，そして日本国の歴史の問題ではないからである。

　第2の方法は，中国人の歴史の一部として台湾の歴史を見ることである。中国4000年の歴史とよく言われるが，中国大陸の中原を中心とする大中国の歴史の中では，台湾の歴史は，中国の一地方の歴史として位置づけられることになる。中華民国が大中国をも支配領域としているという歴史観の下では，これはきわめて正当な歴史の見方である。しかし，1949（昭和24）年以降の中華民国は，先にも見たように実際には大中国に対する支配権は事実上有していないわけであるから，いわば幻想の歴史観ということになろう。

　第3の方法は，台湾人の歴史として台湾の過去を見ることである。ここに言う台湾人とは，台湾及びその付属島嶼に居住する者すべてである。したがって，1945（昭和20）年以前から居住していたか，それ以降に国民党とともに渡来したかは問わない。また，その対象となる地域である台湾が中国の一部として，中華人民共和国の版図の一角を占めるのか，それとも依然として中華民国として2つの中国を維持するのか，あるいは中華人民共和国と別個の政治実体として独立した国家を形成するのか，といった台湾をめぐる政治的立場はいずれであってもかまわない。台湾及びその付属島嶼の，現代へとつながる歴史こそを見ていこうとする立場である。

われわれが，台湾の歴史，そして台湾の法の歴史を見るとき，以上に見た3つの方法のうち，第3の方法をとるべきである。第1の方法では，現代の台湾を理解することにつながらない。第2の方法では，大中国の歴史が中心となり，台湾自体の歴史がそこに埋没してしまうからである。第3の方法の場合は，一時期日本による支配が行われ，日本によって初めて西洋近代法が持ち込まれたとは言え，日本から見れば，あくまでも台湾という外国の歴史であることに注意しておく必要がある。

第3の方法により法ないし制度の歴史を見ていく場合，そこに設定される課題は，およそ次のようになろう。

①　清朝統治下の慣習（旧慣）が，日本時代における西洋近代法の導入によってどのように変化したか。あるいは，変化を拒む慣習はどのようなものであったか。

②　1945（昭和20）年以降，中華民国の法制度がどのように台湾に持ち込まれ，それに伴って日本統治時代に形成された法制度ないし台湾人の法文化はどのように変化したか。

この①と②の課題を常に念頭に置きながら，法，制度及び法文化を対象として台湾の歴史を見ていくことが肝要である。その意味において，いわゆる植民地史としてのみ，すなわち日本史としてのみ台湾の歴史を見る立場は慎まねばならない。

3　日本統治時代の時期区分

(1)　台湾経営史から見た時期区分

歴史学は，一定の幅を有する時代について，時期区分を求める。日本統治が行われた台湾の50年間についても，時期区分が行われることがある。

台湾の統治形態，とりわけ台湾統治の頂点に君臨する台湾総督（巻末の**資料1**を参照）がどのような身分の者であるかを基準として見ると，武官総督の時期と文官総督の時期に大別できよう。初代総督樺山資紀から第7代明石元二郎まではいずれも武官であり，1919（大正8）年10月29日，田健治郎が初めて

文官として第8代総督に任命されて以降，第16代中川健蔵までは文官が連続して総督に任命された。日本統治の末期は戦時色が濃くなってきたことから，1936（大正11）年に総督武官制が復活し，第17代総督小林躋造から最後の総督となった第19代安藤利吉までが武官である。武官総督の時期と文官総督の時期とでは，台湾統治の上で大きな違いがある。初期の武官総督の時期には軍隊に対して命令権を有する武官が必要とされる理由があった。領有当初の軍事鎮圧が一段落して民政が開始されてからも，台湾全土には依然として抗日武装勢力や土匪と呼ばれる無頼の徒や反日勢力の集団が存在した。第3代乃木希典総督の時に，治安のいまだ確立されていない山間部を一等地として憲兵隊が警備と行政を担い，山間部と平野部のうち治安のよいところは二等地として憲兵隊と警察が共同して警備し，治安の確立している都市部は三等地として警察が警備に当たるという三段警備が行われたが，各地の騒乱は容易には収束しなかった。第4代児玉源太郎総督の時には土匪招降策がとられたが，軍部は当初これに反対した。しかし児玉は，台湾総督の職務は台湾統治であり，台湾征伐ではないとして軍部を抑え，事実上三段警備を否定して，土匪の帰順を進めた。他方，社会基盤の整備と産業の育成を図り，台湾が経済的に自立できるための基礎を築いていった。

　児玉の時代に，土匪の跋扈は沈静化を迎えたが，経済発展から生じる社会的矛盾は新たな抗日事件を引き起こした。1907（明治40）年の北埔事件では，新竹南部の北埔支庁が襲撃され，支庁員とその家族ら26人が殺害された。また，1912（明治45）年に中南部の山間部で起こった林杞埔事件では，日本の製紙工場の進出に伴って竹林の利用が制限されたことに端を発し，巡査2人が殺害された。さらに，1915（大正4）年には，中国大陸から10万人の革命党員が台湾に渡ってきて日本統治を転覆させるなどと流言を流して日本人巡査ら54人，台湾人15人を殺害する西来庵事件が起こった。これらの事件では，鎮圧のために軍隊が動員された。

　このように，武官総督の時代は台湾の開発と軍事鎮圧が並行していた時代であり，総督が武官であることによって鎮圧の迅速化が図られた。また，児玉の時期に軍隊の恣意的行動を禁じることによって総督の支配権が確立していった

時期でもあった。これに対して，文官総督の時期は，台湾経営が安定し，教育など民生に重点が移されていった時期であったと言えよう。もちろん，この時期においても，1930（昭和5）年の霧社事件のように，大規模な抗日事件は発生しており，軍隊の出動はあったが，総督の指揮下における軍事行動であった。

　このような台湾統治における抗日運動とそれに対する鎮圧を視野に入れて時期区分を行うと，武官総督の時期と文官総督の時期との間に区分を設けることが可能であろう。さらに，このような時期区分をもう少し詳しく見るならば，同じ武官総督の時期でも児玉総督，後藤民政長官の時期をとくに取り出して，1つの画期とすることもできよう。この時期に台湾経営の基礎が築かれたからである。

(2)　法制史の時期区分

　法制史の立場からはどのような時期区分が可能であろうか。台湾統治基本法の変遷を基準として見ると，大きく分けて3つの時期に区分できる。

① 軍政時期

　第1は，軍政による台湾統治の開始から1896（明治29）年3月31日に委任立法授権法である六三法が制定されるまでの時期である。この時期はわずかの期間であるが，台湾の鎮圧が主課題とされた時期であり，日令と称される軍事命令によって主として鎮圧のための法令が実施された。「台湾人民軍事犯処罰令」や「台湾住民刑罰令」が厳酷な刑罰によって治安の維持を図ろうとした法令であり，「台湾住民治罪令」によって刑事手続きは定められたとは言え，いまだ法律専門職が安心して台湾全土の司法業務を執るにはいたっておらず，憲兵等が検察官の業務に就くことができるなど，軍事的色彩の濃いものであった。また，この時期は民事についても，「台湾総督府法院条例」により司法による救済の途は開かれていったが，手続き規定である「台湾住民民事訴訟令」では地方の慣例と条理が法源として採用されていただけであった。要するに，日本が台湾領有を開始したばかりの時期であり，近代的国家経営の手法である法治に着手するにいたっていない段階と位置づけてよいであろう。

② 特別統治時期

　第2の時期は，六三法が制定されてから，1921（大正10）年3月15日制定の法三号が施行される1922（大正11）年1月1日までの時期である。この時期は，とりわけ第4代総督児玉源太郎の時代に台湾経営の基礎が築かれ，法治の実現のために法整備が行われた時期である。この時期の法の特徴は，台湾特殊の事情に迅速に対応するために，台湾総督の下で法律と同等の効力を有する規範である律令（りつれい）（巻末の**資料2**を参照）が頻繁に発布され，特別統治の行われた時期である。この時期に発布された律令は203件にのぼり，勅令により台湾に施行された日本内地法は84件であった。法三号施行後発布された律令が67件であり，逆に台湾に実施された日本内地法は195件であることから見ても，明らかにこの時期は外形的には台湾の特殊性に台湾でのみ効力を有する律令によって対処した時期であった。もっとも，日本内地法の利用は，律令の中に日本内地法によることを規定することによって行われている。

　たとえば，1868（明治元）年の律令第8号「民事商事及刑事ニ関スル律令」の第1条には，「民事商事及刑事ニ関スル事項ハ民法商法刑法民事訴訟法刑事訴訟法及附属法律ニ依ル」と定められており，台湾人と清国人のみに関係する場合の除外規定を設けているとは言え，日本内地法の導入を規定している。とりわけ民事訴訟法，刑事訴訟法という手続き規定は日本内地のそれを導入することによって，日本人の裁判官が台湾に赴任して直ちに実務に就くことができる土壌を作り上げた。また，1908（明治41）年の「台湾監獄令」のように，その第1条で，「監獄ニ関スル事項ハ監獄法ニ依ル」と定めて，日本内地の監獄法の依用を原則としながらも，第2条で，「本島人又ハ清国人タル男性在監者ノ頭髪ハ習慣ニ依リ辮髪（いよう）セシム」として，現地の慣習を尊重し，また台湾の統治形式と日本内地のそれとの調整のために，第5条に，「監獄法中主務大臣ノ職務ハ台湾総督之ヲ行フ」と定めている。このように現地事情との調整規定を挟みながら，日本内地法の導入が行われたのである。このように，日本内地法を直接適用するのではなく，律令の中に日本内地法の適用を指示する規定を設けることによって日本内地法を適用する方式を「依用」と称している。

③　内地法延長時期

　第3の時期は，法三号が施行される1922（大正11）年1月1日から，日本による台湾統治が終焉を迎え，最後の台湾総督安藤利吉と中華民国行政長官陳儀との間で受降式典が行われた1945（昭和20）年10月25日までの期間である。ポツダム宣言の受諾は8月15日であるが，中華民国による台湾接収までは日本による統治が継続されたので，10月25日を限度とするのが妥当である。現在，台湾新竹地方法院の竹東簡易廷に保存されている日本統治時代の裁判資料の中に，8月15日以降に日本の官憲の手により刑事捜査が行われ，10月25日以降に中華民国の裁判官が判決を下した資料が残されている。これは，司法分野についても，このときまで日本による統治が行われていたことを物語るものである。

　この時期は，1919（大正8）年に，原敬が総理大臣になったことによって始まる。原は，植民地の住民の同化のためには日本内地と同様の法制度を台湾にまで延長して実施する必要があると考え，1921（大正10）年に法三号を制定し，日本内地法の直接適用を原則とする道を開いた。実際には，同法第1条により，日本内地法を台湾に実施する場合には，勅令によって施行すべき法を指定することとなっており，日本内地の民法，商法，民事訴訟法等多数の法律が，1922（大正11）年，勅令第406号「民事ニ関スル法律ヲ台湾ニ施行スルノ件」に基づいて施行されることとなった。しかし，同法の施行は1923（大正12）年1月1日からと附則に定められており，またこれに対応して従来台湾に実施されていた「台湾民事令」や「台湾土地登記規則」など台湾特有の方式を定めた律令を廃止する大正11年律令第6号「民事ニ関スル法律ヲ台湾ニ施行スルニ付改廃ヲ要スル律令ニ関スル件」も1923（大正12）年1月1日から実施されたので，内地法延長主義が機能しだすのは，1923（大正12）年からであったと言ってよい。その意味で，この時期の結節点を1922（大正11）年1月1日の法三号の実施時期に求めるのではなく，1923（大正12）年1月1日に求める考え方には十分な説得力がある。

　なお，この時期は，末期において戦時体制に組み入れられていく時期でもある。1936（昭和11）年小林躋造予備役海軍大将が第17代台湾総督に就任して，

文官総督の時代に別れを告げ，武官総督制が復活した。翌年には日華事変が起こり，日本は急速に戦時体制に入っていった。台湾でも，1937（昭和12）年から皇民化運動が起こり，1941（昭和16）年には皇民奉公会が組織され，総督の下，地方行政組織と一体化した運動が展開された。これは，日本内地で1938（昭和13）年に成立した国家総動員法と国民精神総動員運動の台湾における展開であった。

4　法文化史の立場

　台湾統治の50年をこのように分類するのは最も一般的な方法であろう。たしかに，台湾総督に強大な立法権が認められ，それによって台湾統治が進められた時期と，内地法の直接適用によって台湾統治が進められた時期という分け方は十分説得力のあるものである。しかし，とりわけ民事における台湾固有の慣習の尊重という方針は，台湾統治の全時期を通じて一貫していたと言えよう。と言うのも，法三号実施のための調整規定である1922（大正11）年勅令第407号「台湾ニ施行スル法律ノ特例ニ関スル件」第5条で台湾人のみに関する親族相続については日本内地民法を適用せず，慣習によることとし，また，第15条で台湾特有の祖先祭祀と家族及び土地所有の結合した慣習である祭祀公業についても存続を認めたからである。

　台湾人の日常生活に関わる部分にはできるだけ強制力を伴う法によって介入することを避けるという台湾統治の一貫した方針は，結局のところ台湾を日本内地とは異なる法域として取り扱うことに他ならない。もちろん，台湾統治の進展に伴い，日本内地の法制度や慣習が導入され，台湾人の慣習も徐々に変化していったことは事実である。しかしそれは，教育や産業などあらゆる政策の産物であり，ひとり法制度のみによって成し遂げられたわけではない。

　政策とそれを実現する手段の1つとしての法制度，そしてそれによってもたらされる生活，慣習の変化，換言するなら総体としての文化の変容の全体像を描き出すことは，それほど容易なことではない。逆に，特定の時期を取り上げてそこに時期区分の境界線を引くならば，境界線の前後で総体としての文化が

一挙に変化したと誤解されかねない。政策と法制度は文化の変容を強力に推進する装置ではあるが，根強い慣習の変化には相当な時間がかかることもたしかである。実際，台湾人の祖先祭祀と家族及び土地所有の結びついた祭祀公業は，日本統治時代に幾度となく解体論が唱えられたが，今日においても生き続けている。そうであれば，個別の事項についてその変遷を一定の時期区分に基づいて論じることは可能であるとしても，文化全体の変容を促す装置の1つとしての法制度に時期区分を与えることはきわめて困難である。そこで，本書では，各事項について叙述するにあたり，上述の時期区分をそれほど意識せずに進めることとしたい。

第2章　日清条約と台湾の領有

1　日清条約と台湾の割譲

　日清戦争の結果締結された日清条約（下関条約）により，日本の台湾領有が始まった。それは，近代日本が不平等条約を改正し，欧米列強と対等の独立国家としての地位を得るために設定した国家目標である「富国強兵・万邦対峙」の具体的実現の結果であった。

　明治政権は，発足の当初より近隣諸国への進出を意図していた。アヘン戦争により西欧列強に屈服した清朝は，もはや東アジアにおいて中心的地位を占める国家ではなくなり，それに伴って，日本は律令制以来1000年以上も続いてきた中国の周辺国家という地位から東アジアにおける中心的地位を占める国家となるべく，領土の拡大を目指した。南方への領土拡大の標的となったのが，琉球であり，台湾であった。

　琉球は，日本と清国に両属する形で独自の地位を保持してきた。1871（明治4）年の廃藩置県の際に形式的に鹿児島県に編入されることとなったが，清国は宗主権を主張して紛糾を生じていた。このときに起こったのが牡丹社事件である。1871（明治4）年11月，那覇から宮古島に向かう食料運搬船が風に流され，台湾南部の海域で座礁した。溺死したものを除く乗員66名が近くの牡丹社の蕃人（先住民）に救助を求めた。しかし，救助されるどころか，54人が馘首され，残る12人が漢人部落に保護された。この事件を知った明治政府は，清朝と折衝したところ，1873（明治6）年の談判において清国側代表は「台湾の生蕃は化外の民」であり，その所業について清国は責任を負うものではない，と主張した。台湾の先住民に対しては清朝の主権は及ばないと言うのである。これを受けて，日本は1874（明治7）年，台湾に出兵した。驚いた清朝は日本の台湾

出兵の正当性を認め，賠償金を支払うことで日本軍の撤退を求めた。戦死12名，風土病による病死561名という大きな犠牲を払って日本軍は撤退したが，これにより，琉球の日本への帰属が事実上承認されることとなった。

　琉球問題に決着をつけた明治政府が次に狙いを定めたのが台湾であった。1894（明治27）年，朝鮮半島で東学党の乱が起こり，治安維持を名目に日清両国は朝鮮半島に軍を進め，日清戦争へと進んでいった。日本の軍事的勝利が確実視されるようになった同年末，井上毅は伊藤博文首相に対し台湾領有の重要性を説いた。すなわち，朝鮮は富国の実益はないが，「台湾ハ然ラズ，能ク黄海，朝鮮海，日本海ノ航権ヲ扼ス可クンバ，東洋ノ門戸ヲ開ス，（中略）若シ此ノ機会ヲ失スレバ，二，三年ノ後，台島ハ必ズ他ノ一大国ノ有スルトコロトナルベシ」と。軍部においても「大本営ニ南方作戦ノ議アルヤ久シ」とあるように，南シナ海の入り口に当る台湾の領有の重要性は夙に認識されていたところであり，日清講話談判と台湾領有のための実力行動とが並行して進められた。講話談判中の1895（明治28）年3月，日本軍は澎湖島に上陸し，わずか3日間の戦闘で占領した。講話談判は，紆余曲折の後，1895（明治28）年4月17日に日清条約（下関条約）として結実し，ここに台湾の日本への割譲が明記されたのである。

　台湾の割譲が清朝政府から台湾側に伝えられたのはその2日後であった。通告には「台湾の割譲はやむにやまれぬことで，台湾も重要であるが京師と比べれば軽い」とあり，清朝政府から見捨てられた形の台湾人は清朝に頼るのではなく，自ら独立して日本に対抗する動きを示した。ここに成立したのが台湾民主国である。1895（明治28）年5月23日，台湾民主国独立宣言が布告され，25日には独立式典が挙行されたが，その首脳部は清朝時代の台湾巡撫や台湾の富豪たちであり，国際情勢にも十分通じている者たちであった。彼らは，日本軍としばらく戦っているうちに西洋列強が干渉してくるであろうという予測の下に独立を宣言したのであるが，国際情勢は台湾に味方するものではなかった。海軍力はなく，台湾駐留の清朝軍3万5000人と最大でも10万人と言われる義勇兵がその擁する軍事力であり，近代兵器によって武装した日本軍の敵するところではなかった。6月2日，台湾沖の海上で台湾受け渡しの儀式が終わ

ると、日本軍は6月6日に台湾北部の港町基隆を占領した。この同じ日、台湾民主国の総統はドイツの汽船に乗船し中国本土へ逃げ去った。その他の首脳もほとんどが台湾から逃げ落ち、台湾民主国は泡のごとく消え去った。日本軍を率いて台北城に入場した樺山資紀総督は、6月17日、台北において始政式を挙行し、ここに日本による台湾支配が始まったのである。

2　台湾及澎湖列島住民退去条規

ところで、日清条約にはその第5条に日本支配下において日本国籍となることを拒む者には台湾からの退去の自由を保障する規定が設けられた。すなわち、「日本国ヘ割与セラレタル地方ノ住民ニシテ、右割与セラレタル地方ノ外ニ住居セムト欲スル者ハ、自由ニ其ノ所有不動産ヲ売却シテ退去スルコトヲ得ヘシ、其ノ為本約批准交換ノ日ヨリ二箇年間ヲ猶予スヘシ」というのがこれである。国籍に関していわゆる選択主義の採用を明示したのである。日清条約は1895（明治28）年5月8日に批准されたので、台湾人は2年後の1897（明治30）年5月8日までに去就を決定しなければならなくなった。この条約の規定を実現していくために、樺山総督は1895（明治28）年11月18日、次のような台湾及澎湖列島住民退去条規を制定した。

　第1条　台湾及澎湖島住民ニシテ本地方ノ外ニ専居セムト欲スル者ハ、累世ノ住民ト一時寄留ノ住民トニ論ナク、其郷貫姓名年齢現住所不動産等ヲ記載シ、明治三十年五月八日以前ニ台湾総督府ノ地方官庁ニ届出ヘシ、其提携スル家族ニ就テモ亦同シ

　第2条　幼者ノ戸主及地方ヘ旅行中ノ者ハ、後見人管理人又ハ代理人ニ於テ退去ノ届出ヲ為スコトヲ得

　第3条　土匪暴徒ノ攪乱ニ与ミシ官軍ニ抵抗シタル者ト雖モ、帰順降服シテ兵器ヲ納メタル上ハ本島地ヲ退去スルコトヲ許ス

　第4条　本地ヲ退去スル者ノ携帯スヘキ家財ニ就テハ総テ海関税ヲ免除ス

第3条に見られるように、日本の統治に反抗して武力抗争を行っていた者にも帰順後の退去を認めるという相当寛大な規定が設けられたのであるが、その

背景には領有当初の台湾統治の混迷と無策があった。台湾民主国の潰えた後，台湾南部へと軍事制圧の歩みを始めた日本軍であったが，1895（明治28）年11月の全島平定宣言までの間に4500人もの犠牲者を出していた。そのため，台湾住民を慰撫しながら統治を行うのか，それとも台湾住民を追放して日本内地人を植民することによって統治を行うのか，という植民地統治の根幹に関わる課題について後者を推す意見が強くなってきた。

「若し現在の台湾人が多く支那に帰還すれば，その田地田畑その他山林のやうなものに対しては日本人を移住せしめて，日本人でその産業の発展を計画した方が宜いから，台湾土民が帰還したいといふなら，寧ろ努めて帰還せしめた方が宜いといふ論が盛んであった」と横沢次郎は語っている。福沢諭吉も「彼のアングロサクソン人種が亜米利加の大陸を開きたる筆法に倣ひ，無知蒙昧の蛮民をば悉く境外に逐ひ払ふて殖産上一切の権力を日本人の手に握り，其全土を挙げて断然日本化せしむること」と説いている。

このような議論の盛んな中で作られた台湾住民退去制度であったが，台湾住民の中国大陸等への退去は決して多くはなかった。「南部地方に於いては一村悉く支那へ帰還して，土地が荒廃し去つたやうな所が多々あつた」とも形容された地域もあったようであるが，退去者は全島260万住民のうち4500人ほどであり，全体としては退去率は0.16パーセントに過ぎなかった。台湾には，清朝時代より福建人と客家の対立，同じ福建人同士でも泉州人と漳州人の対立があり，分類械闘（ぶんるいかいとう）と呼ばれる抗争が起こっていたが，日本軍の到来を機に台湾人としての意識が芽生えたことも退去者の少なさの原因であろう。もはや台湾に居住する人々は中国大陸からの出稼ぎではなく，この地にしっかりと足を下ろした人々であったのである。

3　住民退去条規と裁判

台湾住民退去制度に関連する法的問題の1つは，退去住民の財産所有に関連して生じた。退去条規第1条に，退去を希望する場合には，1897（明治30）年5月8日までに台湾に所有するすべての財産を処分してから退去することが求

められているが,所定の期限以降にまで効力が及ぶ民事契約が存在する場合に，これを解除しなければならないのかどうかという問題が起こった。幸いにも，台湾台中地方法院にこの問題についての判決が保存されている。民政初期にわずか2年余り三級三審制が行われた時期の判決であり，しかも三審までのすべての判決がそろっているので，これを検討しながら，当時の裁判所の論理について見てみよう。

事件は，1896（明治29）年10月19日より5か年間の質権設定に関連して生じた。原告古某は所有する田地を被告江某に質入し，金銭を借り受けた。原告は住民退去条規に従い中国大陸の福建省へ退去することとし，入質契約の解除を求めたが，被告はこれを拒否したことから，裁判所に事件が係属した。第1審の苗栗地方法院は，次のような判決を下した。

　　　台中県苗栗第一堡南勢坑某所
　　　　　　　　　原告　　　古某
　　　台中県苗栗第一堡苗栗街某所
　　　　　　　　　被告　　　江某
　　　　　　右代理人　　長谷川某
　　　右当事者間ノ田地取戻訴訟事件判決スル事左ノ如シ
　　　被告ハ原告請求スル苗栗南勢坑田二甲五厘ヲ元金七百七十円利金五十八円三十銭ヲ得テ速ニ原告ニ返却スヘシ
　　　訴訟費用ハ被告ノ負担トス
　　事　実
　　　原告ハ苗栗南勢坑ニ在ル所有ノ田地二甲五厘ヲ明治二十九年十月十九日ヨリ五ヶ年間被告ニ質地ト為シ金七百七十円ヲ借受，其〆田地ノ収益五ヶ年金百円ト見積被告ニ得セシムルノ契約ヲ以テ該田地ヲ被告ニ引渡置タリ，然ニ曩日台湾総督府ヨリ他ニ転住セムト欲スル者ハ明治三十年五月八日以前ニ所有ノ不動産ヲ処分シテ退去スヘシト達セラレタリ，依テ本年ノ春右田地ヲ受返サム事ヲ被告ニ掛合タルモ之ニ応セス，是ヲ以テ右元金ニ入質以来月割利金五十八円三十銭ヲ加ヘ受返サムト欲スルニ付，被告ニ対シ該田地ヲ速ニ原告ニ引渡ス様判決ヲ請フト云フ，被告ハ契約ノ点ハ原告陳述ノ通リナルモ，該田地ハ已ニ五ヶ年間質権ヲ得テ他ニ小作ニセシメ置タルニヨリ原告請求ニ応シ難ク，尤モ仮リニ受返サシムルモノトセハ原告ノ計算ニ於テハ異儀ナシト抗弁セリ

理　由

本訴ノ争フ処ハ該田地ノ質権ヲ維持セントスルコトト住民退去条規ニ依リ処分セントスルトノ二点ニアリ，依テ先明治二十八年十一月日令第三五号台湾住民退去条規ヲ按スルニ（前略）日本国ヘ割与セラレタル地方住民ニシテ其地方ノ外ニ住居セムト欲スル者ハ自由ニ其不動産ヲ売却シテ退去スルコトヲ得ヘシ，其為メ本条約批准交換ノ日ヨリ二ヶ年間ヲ猶予スヘシトアリ，又其第一条ニ台湾住民ニシテ本地ノ外ニ専居セムト欲スル者ハ（中略）其不動産ヲ記載シ明治三十年五月八日以前ニ台湾総督府ノ地方官庁ニ届出ヘシトアレハ，其趣旨蓋シ本土住民ノ不動産ハ其退去期間ノ到来ト共ニ其所有権ノ運命ヲ確定スヘキニアルヤ明ナレハ，随テ其退去ニ係ル者ノ不動産ニ対シテハ其債権ノ効用モ義務ノ効果モ亦共ニ其退去ト期間ノ到来トノ二条件ニ伴フテ消滅スヘキヤ論ヲ俟タス，然ハ則チ本訴原告カ此地ヲ退去スル為メ其期間ニ先テ該田地ノ受戻ヲ請求シタルハ退去条規ヲ遵守シタル至当ノ処置ニシテ被告カ之ヲ拒ムハ謂レナキニヨリ，法律上保護ヲ与フルノ限ニ非ラサルモノトス，依テ原告ノ主張ヲ容レ主文ノ如ク判決スルニアリ

明治三十年五月五日　　苗栗地方法院ニ於テ　　判官　塩津信義

　この判決文から推測すると，争いの原因となった事実の詳細は次のようである。原告である古某は1896（明治29）年10月19日より5年間を限期として被告である江某に対し，その所有する田地を質入し，金770円を借り入れた。後に掲げる最終審判決に「五ヶ年間ハ受戻シヲ為ササル旨ノ契約ヲ為シタリ」とあることから，おそらく両者の間には5年間は入質契約を解除しないという特約があったものと思われる。ところが，総督府から日本統治下を離れ他に居住する場合には，1897（明治30）年5月8日までに所有不動産を処分して退去すべき旨の通知があった。古某は日本統治下の台湾に居住し続けることをよしとせず，退去して清国福建省に移住することを決意した。そこで，古某は総督府の通知に従い，入質契約を解除して当該土地の所有権を処分しようとした。そのために借入金770円に，入質日より1897（明治30）年5月8日までの6か月あまりの月割利金58円30銭を加えた金額を江某に支払い，同土地を受戻そうとしたのであった。

　裁判所の判断は，「台湾及澎湖列島住民退去条規」の定める退去期限である1897（明治30）年5月8日を目前に控えた同年5月5日に下された。判決は，原告古某の主張を容れ，「退去ニ係ル者ノ不動産ニ対シテハ其債権ノ効用モ義

務ノ効果モ亦共ニ其退去ト期間ノ到来トノ二条件ニ伴フテ消滅スヘキヤ論ヲ矣〔ママ〕タス」との理由により，入質契約の解除，当該田地の請戻を認めるものであった。日清条約に基づいて定められた住民退去条規により，私人間における契約により発生する不動産に関する権利義務は，住民の退去と所定期限の到来という２つの条件によって消滅するというのがその趣旨である。このような判断が法的に「論ヲ矣〔ママ〕タス」と言えるのかどうかは疑わしいところであるが，裁判所の論理を一般化して言うならば，条約に基づいて制定された法令の効力は，私的契約関係を強制的に終了又は解除させることができるということになろう。

なお，原告古某と被告江某のいずれか又は双方が，入質契約時に日清条約第５条の規定を知っていたかどうか，あるいは住民退去条規の存在を知っていたかどうかは定かでない。

被告江某は，同田地をすでに他の者に小作させていることもあり，判決を受け入れることはできず，第２審である覆審法院に控訴した。覆審法院は，次のように判決した。

  台中県苗栗一堡苗栗街某所 控訴人 江某
  清国福建省嘉応州鎮平県   被控訴人 古某
  台中県苗栗一堡五谷岡庄某所 右訴訟代理人 劉某
 右当事者ノ明治三十年控民第二十三号田地取戻請求事件ニ付当法院ハ左ノ如ク判決ス
 本件控訴ハ之ヲ棄却ス
 訴訟費用ハ控訴人ニ於テ負担スヘシ
 事　実
 控訴人ハ明治二十九年十月十九日被控訴人ニ金七百七十円ヲ貸与シ台中県苗栗一堡南勢庄所在同人所有ノ田地二甲五厘ヲ質入ニ取リ五ヶ年ヲ以テ典約ノ期限ト定メタル処，被控訴人ハ明治三十年四月二十六日苗栗地方法院ヘ右田地請戻ノ訴訟ヲ提起シ，同法院ハ其請求ヲ容レ控訴人ハ元金ト利金五十八円三十銭ヲ得テ質地ヲ返還スヘシト判決セラレタリ，控訴人ハ典約ノ字ヲ有スルモノナレハ如何ナル理由アルモ期限内ニ之ヲ返還スルノ義務ナク，該判決ハ不当ノ判決ナルヲ以テ之ヲ廃棄シ被控訴人ノ請求ヲ棄却セラレタシト云ヘリ
 被控訴代理人ハ控訴人ノ云フ如ク明治二十九年十月十九日五ヶ年ヲ期限トシ七百七十円ノ債務ノ為ニ其所有ノ田地ヲ質入レシタリト雖トモ，本島ヲ去リ清国ニ居住セント欲スルヨリ台湾住民退去条規ニ遵ヒ退去ニ先チ所有田地ヲ売却センカ

為右質入田地ヲ受戻サンコトヲ掛合フモ応セサリシヲ以テ不得已原法院ニ出訴シタル次第ニシテ，原法院ノ判決ハ正当ニシテ廃棄スヘキ理由ナケレハ，本件控訴ハ之ヲ棄却セラレタシト云ヘリ

理　由

馬関条約ニ依リ台湾住民ハ条約批准交換ノ日ヨリ二ヶ年間ハ我帝国ノ国籍ニ入ルカ或ハ清国ニ退去スルカ二者之ヲ選択スルノ権利ヲ与ヘラレタリ，而シテ明治二十八年十一月，台湾総督府ハ日令第三十五号ヲ以テ台湾住民退去条規ヲ発布シ，本島住民ニシテ本島以外ニ居住セント欲スルモノハ自由ニ其ノ所有所有不動産ヲ売却シテ〔ママ〕退去スルコトヲ得ヘシ，其期間ハ馬関条約批准交換ノ日ヨリ二ヶ年ニシテ即チ明治三十年五月八日マテト定メタリ，期ノ如ク本島住民ハ明治三十五年五月八日迄ハ住居ヲ選択スルノ権利ヲ与ヘラレタルト共ニ，又本島ヲ退去スルモノハ其所有不動産ヲ売却スルノ義務ヲ負ハサレタリ，本案典約ノ成立ハ実ニ明治二十九年十一月ニ在リテ五ヶ年ヲ以テ其継続期間ト定メアリト雖トモ，成立ノ日ヨリ明治三十年五月八日迄ハ前掲ノ条約及ヒ退去条規ノ効果ニ因リ契約者双方ハ本島ヲ退去スルト共ニ其所有不動産ヲ処分スルコトヲ得ルノ自由ヲ有シタルヲ以テ，本契約締結当時双方共右期限マテハ住居選択権行使ニ因リ或ハ解除スルコトアルヘシトノ暗黙ノ承諾ヲ互ニ与ヘタリシモノト法律上認定セサルヘカラス，故ニ被控訴人カ右期限内ニ清国ニ退去セント欲シ，其所有田地ヲ売却センカ為メ本案質地ノ受戻ヲ控訴人ニ要求シタルハ畢竟暗黙ニ承諾セラレタル契約ノ解除ヲ求ムルニ過キサルヲ以テ控訴人ハ到底拒絶スル権利ナキモノトス，要スルニ原法院ノ判決ハ相当ニシテ廃棄スヘキ理由ナキヲ以テ主文ノ如ク判決スル所以ナリ

明治三十年七月二十日　於覆審法院民事部公廷　　裁判長判官　　加藤重三郎
　　　　　　　　　　　　　　　　　　　　　　　判官　　加藤礼次郎
　　　　　　　　　　　　　　　　　　　　　　　判官　　広井埼太郎

　第2審になると，江某の主張も裁判所の判決理由も，ともに法律論としての様相を呈するようになった。江某は，「典約ノ字ヲ有スルモノナレハ如何ナル理由アルモ期限内ニ之ヲ返還スルノ義務」はないと主張する。典とは，買戻特約付きの売買とも呼ばれるものであり，日本が台湾統治に乗り出してからはこれを質と同様のものとみなした。字とは契字のことであり，契約あるいは契約書と同義である。江某の主張を一般化して言うならば，私人間の契約で合意された内容は他の規範によってこれを否定することはできないということになろう。契約は条約に優先するというわけである。

　しかしこの主張は，やはり裁判所の承認を得ることはできなかった。第2審

は，第1審のように「論ヲ俟タス」と一刀両断するのではなく，相当の法律論を展開している。その論旨は次の通りである。すなわち，日清条約及び「台湾及澎湖列島住民退去条規」により居住者は不動産を処分して退去する自由を認められたのであるから，入質契約の締結時において，退去条規の定める1897（明治30）年5月8日までの間は，退去権を行使するために契約の解除のあり得ることにつき，「暗黙ノ承諾ヲ互ニ与ヘタ」と法律上考えなければならない。それゆえ，古某による田地受戻の請求は，「暗黙ニ承諾セラレタル契約ノ解除ヲ求ムルニ過キ」ないのであるから，江某にはこれを拒絶する権利はないと言うのである。

　第1審判決に関して述べたように，契約締結時に両当事者が日清条約又は住民退去条規の内容を知っていたかどうかは定かでないし，第2審の示す事実にもこの点についての言及は見られない。入質契約締結後わずか半年でこれを解除しなければならなくなった古某の立場に立てば，おそらくは条約や退去条規について知らなかったと考えるのが妥当であろう。そうであれば，退去を決意した場合に不動産を処分するために契約を解除することがあり得るという「暗黙ノ承諾」が両当事者にあったとは言えないであろう。あたかも事後にできた法について，事前にこれを知っていなければならないと言っているようなものであり，相当無理な要求をしているように思われる。とは言え，このような論理を使ってでも，条約の実行を図らなければならないのが当時の総督府及びその下にある司法の課題であったと考えてよいであろう。なお，本判決は，退去条規の定める期限を過ぎた1897（明治30）年7月20日に下されており，古某はすでに台湾を退去したのであろう。訴訟は代理人の手によって進められたようである。

　第2審の覆審法院においても敗訴した江某は，引き続き最終審である高等法院に上告した。その判決は以下の通りである。

　　　台中県苗栗一堡苗栗街某所　　　上告人　　江某
　　　清国福建省嘉応州鎮平県　　　　被上告人　古某

　　　台中県苗栗一堡五谷岡庄某所　　右訴訟代理人　劉某

右当事者間ノ明治三十年民第七号土地取戻ノ上告事件ニ付当法院ハ上告人ノ陳述ヲ聴キ判決スルコト左ノ如シ
　本件上告ハ之ヲ棄却ス
　上告ニ関スル訴訟費用ハ上告人之ヲ負担ス可シ
　理　由
　上告論旨ハ被上告人ノ申込ニ因リ本訴ノ地所ヲ質物ト為シ金七百七十円ヲ被上告人ニ貸渡シ五ヶ年間ハ受戻シヲ為ササル旨ノ契約ヲ為シタリ，而シテ被上告人カ本島ヲ発シ清国ニ帰ラントスルヤ上告人ニ嘱スルニ出訴ノ地所ハ被上告人自ラ来リテ受戻ヲ為サントスルコトアルモ之ニ応スル勿ランコトヲ以テセリ，故ニ被上告人自ラ来ルカ若クハ直ニ上告人ニ書ヲ寄セ受戻ヲ求メハ上告人ハ之ニ応スヘキモ，被上告人ノ妻又ハ其弟カ為シタル本訴ノ請求ニ応スヘキノ義務ナシ，然ルニ原院ニ於テ同人等ノ求メニ応シ受戻ヲ為サシムル旨ノ判決ヲ為シタルハ不法ナリト云フニ在リ，仍而審按スルニ上告人カ被上告人ヨリ依嘱ヲ受ケタリトノコトハ口頭無證ノ陳弁ニシテ信ヲ措クニ足ラサルノミナラス，被上告人カ他ニ委任シテ本訴之請求ヲ為サシムルハ被上告人自ラ来リテ請求ヲ為スト更ニ異ナル所ナキニ付，上告人ハ案スルニ原院ニ於テ上告人カ主張シタル事実ヲ再演スルニ過キサレハ上告ノ理由トナラス，即チ本件上訴ハ許スヘカラサルモノナルヲ以テ，主文ノ如ク棄却ノ判決ヲ為ス所以ナリ
　明治三十年十月十二日　於高等法院公廷
　　　　　　　裁判長判官　　　　　　　　　山口武洪
　　　　　　　　判官　　　　　　　　　　　結城顕彦
　　　　　　　　判官　　　　　　　　　　　大橋　斉
　　　　　　　　判官　　　　　　　　　　　瀧野種孝
　　　　　高等法院判官兼新竹地方法院判官　　戸田茂里

　最終審における江某の主張は2点に大別できよう。第1は，江某と古某との間で同田地の受戻をする際には古某本人がこれを行う約束であるから，古某の妻又は弟が受戻を請求してもこれに応じることはできない。したがって，これらの者に受戻を認めた第2審の判決は不当であるというものである。第2審では被控訴人である古某の訴訟代理人として劉某が参加しているが，おそらくは劉某は古某の妻なのであろう。判決では古某本人が受戻す約束であるという江某の主張は証拠を有しておらず，また古某が第三者に委任して受戻しても何ら差し支えないと論じる。代理や委任といった法概念は，西洋法になじみのない当時の一般的な台湾住民には無縁のものであったであろうから，今日から見れ

ば奇妙な上告理由に思えるが，このような点で争うとするのも，当時の本人訴訟の特徴と考えられる。

　第2は，江某が私人間契約の優位性を再度主張していることである。しかし判決は，この点についてはすでに第2審で解決済みであるとして，「原院ニ於テ上告人カ主張シタル事実ヲ再演スルニ過キサレハ上告ノ理由トナラス」と判示した。上告審として当然の判断である。もし第2審の示した「暗黙ノ承諾」という論理の妥当性を問題としていたならば，裁判所は何らかの判断を示したものと思われるが，それがかなわなかったのも法律論によって第2審判決を解剖することのできない本人訴訟の限界であろう。

　ともあれ，本件契約の解除による質地取戻は，退去条規の定める期限である1897（明治30）年5月8日から5か月余りを経過した同年10月12日にようやく確定したのである。

　本件から，「台湾及澎湖列島住民退去条規」に関わる問題として，2点を指摘することができよう。第1は，日清条約及びその具体的実施規定である住民退去条規と私人間の契約との関係について，裁判所が両当事者による「暗黙ノ承諾」という理由によって，退去期限に伴う私的契約の解除を認めたことである。条約及びそれに基づく法規と私人間契約とのいずれが優先するかという本質的な問題には立ち入らないで，条約に基づく法規の履行を図ったのである。第2に，住民退去条規では，退去希望者は期限までに不動産を処分して退去することが求められているが，本件では，退去は期限までに行われたのであろうが，不動産の処分は結果的に期限を過ぎてから行われたことになる。その意味では，住民退去条規は必ずしもすべてが文言通りに実施されたわけではなかったと言うことができる。

第3章　台湾統治基本法の変遷

1　台湾統治の基本方針

　明治政権は，有史以来初めての植民地である台湾をどのように統治するかについて明確な方向性をもって日清条約を締結したわけではなかった。また台湾の実情についても，牡丹社事件を通じて多少の認識は得られていたとは言え，実際には多くの人が閩南語(みんなんご)を話しているにもかかわらず，清朝の版図であったのであるから中国語（今日の北京官話）が通じるはずだという程度の認識でしかなかった。このように台湾についての認識が十分でないところから領有が開始したので，これをどのように統治するかについて，明治政権は植民地経験の豊かな国の外国人法律顧問の意見を求めた。1895（明治28）年4月，フランス人の法律顧問であるルボンは，台湾統治の初期においては台湾総督に広汎な権限を付与して現地事情に即応しうる統治を行っても差し支えないが，台湾を徐々に日本内地に近づけ，日本内地におけるような県制を敷くべきであると回答した。これに対し，イギリス人のカークウッドは，天皇が大権によって直接台湾を統治するが，台湾における立法権は天皇が台湾総督，高官，現地住民代表からなる植民地立法機関に委託してこれを行使すべきであるという意見を提出した。植民地を本国の一地方として，植民地の住民を本国に同化していこうとするフランス型の植民地政策と，あくまでも君主の直轄地として本国とは別個の特別な統治を行おうとするイギリス型の植民地政策とがここに現れてきたのであった。

　この2つの方針について十分な検討をする時間もないまま台湾接収は進行した。樺山資紀初代総督が台北に入城した1895（明治28）年5月14日，台湾事務局官制を定め，2つの統治案についての検討が行われた。後に首相となり内

地延長主義を実施することになる原敬もこれに参加，フランス式の同化主義の採用を主張したが，現地事情はこのような東京における議論に従うことができるほど余裕のあるものではなかった。あい次ぐ武力抵抗の中，台湾統治の基本方針を策定する前に，日令と呼ばれる軍事命令によって当面の台湾支配を行って行かざるを得なかった。しかし軍事命令による統治は過渡的なものであり，1896（明治29）年3月31日に軍政を撤廃し，翌4月1日より民政が始まると，日本内地においても台湾に関する事務取り扱いが大本営から内閣に移され，植民地統治を管掌する組織として拓殖務省が開設された。

2　六三法の制定

このように軍事鎮圧を経ながら徐々に台湾統治の基礎が固められようとしたのであるが，日本内地から遠く離れ，風俗も言語も異なる台湾を日本内地と同様の法律で治めることには大きな困難が予想された。そこで伊藤内閣は，台湾の現地事情に即し，臨機応変に台湾で適用される法律を制定するのでなければ統治の実を挙げることはできないと判断し，1896（明治29）年3月，台湾総督に事実上の立法権を委任することを内容とする「台湾ニ施行スヘキ法律ニ関スル法律案」を帝国議会に提出した。その全文は次の通りである。

> 第1条　台湾総督ハ其ノ管轄区域内ニ法律ノ効力ヲ有スル命令ヲ発スルコトヲ得
> 第2条　前条ノ命令ハ台湾総督府評議会ノ議決ヲ取リ拓殖務大臣ヲ経テ勅裁ヲ請フヘシ台湾総督府評議会ノ組織ハ勅令ヲ以テ之ヲ定ム
> 第3条　臨時緊急ヲ要スル場合ニ於テ台湾総督ハ前条第一項ノ手続ヲ経スシテ直ニ第一条ノ命令ヲ発スルコトヲ得
> 第4条　前条ニ依リ発シタル命令ハ発布後直ニ勅裁ヲ請ヒ之ヲ台湾総督府評議会ニ報告スヘシ勅裁ヲ得サルトキハ総督ハ直ニ其ノ命令ノ将来ニ向ツテ効力ナキコトヲ公布スヘシ
> 第5条　現行ノ法律又ハ将来発布スル法律ニシテ其ノ全部又ハ一部ヲ台湾ニ施行スルヲ要スルモノハ勅令ヲ以テ之ヲ定ム

しかしながら，本案が上呈されるとたちまち議論が沸騰した。なぜなら，明治憲法第5条に「天皇ハ帝国議会ノ協賛ヲ以テ立法権ヲ行フ」とあり，帝国議

会が立法権を有することが明示されており、また、命令については、第9条に「天皇ハ法律ヲ執行スル為ニ又ハ公共ノ安寧秩序ヲ保持シ及臣民ノ幸福ヲ増進スル為ニ必要ナル命令ヲ発シ又ハ発セシム但シ命令ヲ以テ法律ヲ変更スルコトヲ得ス」と規定されており、法律と命令の上下関係が示されている。それにもかかわらず、本案の意図するところは台湾総督府評議会なる機関を設置して帝国議会に代替させ、「法律ノ効力ヲ有スル命令」という新しい概念を創造して、内閣の一部局である拓殖務大臣の管轄下にある台湾総督に広大な立法権を付与しようとする点に、憲法上の疑義があるからである。

議論は政府側に不利に進んだので、「政府ハ何時タリトモ既ニ提出シタル議案ヲ修正シ又ハ撤回スルコトヲ得」と定めた議院法第30条に基づき、政府は法案を撤回、そしてその翌日に再度提案するという芸当を演じた。そのためにまたもや紛糾し、議会は審議拒否の姿勢も示したが、結局特別委員会で審議されることとなった。特別委員会では政府寄りの解決策が講じられ、全条文を原案通り承認する代わりに新たに3年間の時限立法とする趣旨の第6条を付け加えた。台湾に帝国憲法が適用されるかどうかという憲法論に踏み込まずに政策論でもってこのような措置を講じたのであるから、帝国議会においてはまたもや反対論があったが、結局原案通り可決、台湾統治の基本法である本法案は、1896 (明治29) 年3月31日、法律第63号として公布された。その番号をとって、六三法と呼ばれるものである。また、憲法上の疑義に関連して、これが政治問題化したので、六三法に関連する問題を六三問題という。

六三法により委任立法権を獲得した台湾総督府は、1896 (明治29) 年5月1日に「台湾総督府法院条例」を律令第1号として発布、同年だけで11本の律令を発布して台湾経営に乗り出した。台湾総督の発する「法律ノ効力ヲ有スル命令」を律令と呼ぶのは、発令の書式に「律令〇〇号」という体裁をとったことによる。律令の中には1900 (明治33) 年の律令第20号「台湾度量衡条例」のように台湾の民政の基礎を固めるためのものが多かったが、1898 (明治31) 年に律令第24号として発布された「匪徒刑罰令」のように厳罰主義に基づく治安維持を目的とするものもあった。

3 三一法の制定

　六三法は3年間の時限立法であったので，1899（明治32）年3月末には期限が切れることになる。そこで政府は1898（明治31）年12月，六三法第6条を改正して1902（明治35）年3月31日まで再度3年間延長する法案を提出した。政府委員として法案説明を行った総督府民政長官後藤新平は，六三法から3年経過した段階においても台湾の統治上の困難は変わることなく存在しており，現地の特殊事情はあまりにも日本内地と隔絶しているので委任立法権は依然として必要不可欠であることを力説した。憲法上の疑義についてはなんら解消していないので，高名な弁護士でもある代議士花井卓蔵らは委任立法の憲法違反性を説いたが，現実に即した統治という総督府の要求を拒むことはできず，議会は再び3年間の延長を認めることとなった。

　延長後3年を経過した1902（明治35）年3月，再び六三法の延長が議会に諮られた。延々と時限立法の延長を繰り返す政府に対しては，再度の延長を求めなければならないほど台湾統治の実が挙がっていないのではないかという批判が噴出した。そこで台湾総督児玉源太郎は，いつまでも六三法を維持しようとするわけではなく，今回の延長が最後の措置である旨の発言を行い，内務大臣芳川顕正も3年間の延長期間終了時には台湾統治の根本規定を定めることを約することによって，延長が認められた。

　1905（明治38）年2月，もうこれ以上の延長はないはずであったが，政府は，「明治二十九年法律第六十三号ハ同法第六条ノ期限後ニ於テモ平和克服ノ翌年末日迄仍其効力ヲ有ス」という法案を提出した。芳川内務大臣の趣旨説明は，台湾統治の基本法制定を約したことは十分承知しており，政府としても新たな規定の起草に従事してきたが，時あたかも日露戦争が勃発しており，児玉源太郎が出征しているために暫くの猶予を請うものであった。日露戦争に伴う児玉源太郎の従軍が基本法制定の障害となったのである。台湾統治の基礎は児玉，後藤のコンビによって固まったとよく言われるが，それほどに児玉の影響力は大きく，基本法の制定も児玉の了解なくしてはできなかったのであろうと思わ

れる。今回も，花井卓蔵により憲法上の疑義が提示されたが，戦争中ということもあって原案通りに延長が認められた。今回の延長は期限を定めたものではなく，「平和克服ノ翌年末日迄」というものであった。平和克服という言葉は，1902（明治35）年の延長審議のときに吉川内務大臣が用いており，そのときの意味は台湾において抗日勢力による活動が終息するまでという意味であったと思われる。しかし，ここでの意味は，日露戦争終結までという意味であろう。1905（明治38）年10月，ポーツマス条約によって日露戦争が終結すると，翌1906（明治39）年3月，政府は六三法に変わるべき法律案を貴族院に提出したからである。

　政府提出の法律案は，わずか3か条であり，内容は，台湾においては法律を要する事項については勅令で定めること，また台湾総督の発した律令はその効力を維持することを定めただけであった。趣旨説明に立った内務大臣原敬は，台湾の実情は日本内地と同様の制度によって対処し得るものではなく，依然として特別の制度を必要とすると述べ，六三法に示された特別統治の原則を維持しようとする法案であることを示した。改正の要点は，六三法では台湾総督が法律に代わる命令を出していたのを勅令に改めたこと，臨時緊急の場合の命令を削除したこと，及び時限立法としないことであった。ところが，勅令の副署を国務大臣ではなく台湾総督が行うと答弁したことから，反対論が噴出した。

　民法典論争のときに「民法出デテ忠孝亡ブ」と題する論文を発表し，延期派の代表者の一人としても有名な法学者穂積八束は，「法律勅令其ノ他国務ニ関スル詔勅ハ国務大臣ノ副署ヲ要ス」と定める憲法第55条の規定に反しており違憲であると論じ，さらに緊急時に台湾総督に委任立法権を付与する可能性が否定されないこと，勅令を日本内地で起草するのであれば台湾が地理的に離れているから議会立法を待てないという理由は成り立たないといった反対論が優勢となった。六三法で言う命令（律令）に代えて勅令で台湾統治を行おうという原案はこのままでは賛成者は1人もいないという状況に陥った。ここにおいて，議員である都筑馨六は，自ら修正案を提示した。都筑案は，六三法と同様に委任立法権を認めながらも，委任立法（律令）を法律及び勅令の下に位置づけ，また委任立法の改廃については主務大臣の権限とするものであった。現地特殊

の事情に臨機に対応する必要から生まれた六三法の趣旨を継承しながらも，台湾総督の立法権を内地における議会立法の下位に置くことによって法律の衝突の危険を回避し，また台湾総督の行政組織上の位置を主務大臣の下位に置くことを明示したものである。しかし，委任立法を主務大臣が改廃できることになれば行政権による立法権の侵害となり得ることから批判があったが，議会の趨勢は都筑案に傾斜しつつあった。このような状況に鑑み，政府はまたもや原案を撤回し，都筑案を模倣した法案を提出した。

貴族院では，政府案に若干の修正を施し，5年の時限立法とすることで合意を見たが，衆議院ではまたもや反対論が噴出した。花井卓蔵は，内容は六三法そのままであり，ただ表題が変わっただけであると断じ，台湾統治の基本法を制定するという政府の約束が守られていないとして政府の怠慢を批判した。六三法以来恒例となった観のある憲法上の疑義についても，台湾に帝国憲法が適用されるかどうかという根本的な問題が蒸し返されたが，内務大臣原敬は，それについて論じることはすでに時期が過ぎていると一蹴しようとした。これに対し，花井卓蔵らは台湾に事実として憲法が実施されてきたから議論の余地はないという政府の理解は強行突破を目指すものであるとして，このような政府の姿勢自体を批判した。しかし，議会の閉会前に法案を提出するという政府の議会対策が功を奏し，貴族院の修正案が衆議院においても承認された。このようにして1906（明治39）年4月11日に公布されたのが法律第31号，いわゆる三一法である。その規定は次の通りである。

第1条　台湾ニ於テハ法律ヲ要スル事項ハ台湾総督ノ命令ヲ以テ之ヲ規定スルコトヲ得

第2条　前条ノ命令ハ主務大臣ヲ経テ勅裁ヲ請フヘシ

第3条　臨時緊急ヲ要スル場合ニ於テ台湾総督ハ直ニ第一条ノ命令ヲ発スルコトヲ得前条ノ命令ハ発布直後ニ勅裁ヲ請フヘシ若シ勅裁ヲ得サルトキハ台湾総督ハ直ニ其ノ命令ノ将来ニ向テ効力ナキコトヲ公布スヘシ

第4条　法律ノ全部又ハ一部ヲ台湾ニ施行スルヲ要スルモノハ勅令ヲ以テ之ヲ定ム

第5条　第一条ノ命令ハ第四条ニ依リ台湾ニ施行シタル法律及特ニ台湾ニ施行スル目的ヲ以テ制定シタル法律及勅令ニ違背スルコトヲ得ス

第6条　台湾総督ノ発シタル律令ハ仍其効力ヲ有ス

附　　則　本法ハ明治四十年一月一日ヨリ之ヲ施行シ明治四十四年十二月三十一日迄
　　　　　　其ノ効力ヲ有スルモノトス

　第5条に見られるように，台湾総督の命令である律令と法律及び勅令の上下関係を明示した点では六三法の欠点を是正したものと言えるが，依然として台湾総督に広大な委任立法権を付与するものであって，その本質において六三法と異なるものではなかった。しかも，三一法は，時限立法でありながら，またもや5年ごとに延期を繰り返した。

　六三法及び三一法に見られる台湾の特殊事情を考慮し，現地事情に通じている台湾総督に台湾統治のための立法権を委任する特別統治主義は，結果的に原敬内閣が内地延長主義を採用するまで継続した。

4　法三号の制定

　1919（大正8）年に原敬内閣が誕生すると，漸進的内地延長主義の実現に向けた施策が打ち出された。台湾統治基本法についても，政府は1921（大正10）年1月30日，議会に対し「台湾ニ施行スヘキ法令ニ関スル法律案」を提出した。本法案は，日本内地法の適用を原則とし，従来特別統治主義下で行われていた台湾総督の律令制定権を大幅に削減することを意図したものである。その意味で，特別統治主義から内地延長主義への台湾統治の基本理念の根本的転換を法制面で支えることを意図したものであった。

　内地延長主義という理念は，原敬総理の植民地統治思想に胚胎するものであった。原は第2次伊藤内閣が設置した台湾事務局に外務次官として加わり，「台湾問題二案」を作成していた。同案は，台湾統治の開始に当たり，台湾をイギリスの植民地支配のように一種のコロニーとするのか，それとも内地と多少制度を異にするとは言えいずれは日本の各地域と同様の一地域とするのかという，台湾統治の基本理念の選択を求めるものであった。伊藤内閣は，台湾統治の草創期ということもあり，六三法に示されるように前者に近い方針を採用したが，原の考え方はむしろ後者であった。実際，原は外務次官を辞して大阪毎日新聞社に戻ると，台湾は長期にわたって特殊の制度を敷くような植民地で

はないという観念をもって，司法制度や行政制度を事情の許す限り日本内地と同様にしていくべきであるという同化政策を基調とする社説を発表している。原はこのように早くから内地延長主義こそが台湾統治のあるべき姿であると考えていたが，現実には特別統治が行われたので，原の理念の実現には彼が政権の頂点に立つのを待たねばならなかった。原は，総理大臣に就任すると，それまでの武官総督を改め，初めて文官である田健治郎を台湾総督に任命するとともに，漸進的内地延長主義を実現すべく本法案を提出したのであった。

　本法案の特色は，第１条において内地法の直接適用の原則を掲げたことである。その結果，従来台湾総督に委任されていた律令制定権は，内地法に該当法令がない場合，内地法の施行が著しく困難な場合及び臨時緊急の場合に限定し，これを大幅に削減した。

　法案の審議の場では，それでもなお台湾総督に事実上の立法権を付与することに反対があった。とりわけ，台湾特殊の事情に対処する際の法規定を台湾総督の命令によるのではなく，勅令で行うのが憲法の原則であるという六三法以来行われてきた批判が憲政会の側からなされたが，台湾は内地と同一の文化程度ではなく，漸進的過程にある以上は現地の責任者に裁量の余地を残しておくのが最善の統治方式であるという政府の見解が優位を占める観があった。しかし，憲政会としても政府案がそのまま通過することには抵抗があったのであろう。第１条の「特令」を「特例」，「定」を「規定」と改めて政府案が可決された。そして，1922（大正11）年１月１日より施行された。これが法律第３号であったことから，法三号と呼んでいる。その規定は以下の通りである。

　　第１条　法律ノ全部又ハ一部ヲ台湾ニ施行スルヲ要スルモノハ勅令ヲ以テ之ヲ定ム
　　　　　　前項ノ場合ニ於テ官庁又ハ公署ノ職権，法律上ノ期間其ノ他ノ事項ニ関シ台湾特殊ノ事情ニ因リ特例ヲ設クル必要アルモノニ付テハ勅令ヲ以テ別段ノ規定ヲ為スコトヲ得
　　第２条　台湾ニ於テ法律ヲ要スル事項ニシテ施行スヘキ法律ナキモノ又ハ前条ノ規定ニ依リ難キモノニ関シテハ台湾特殊ノ事情ニ因リ必要アル場合ニ限リ台湾総督ノ命令ヲ以テ之ヲ規定スルコトヲ得
　　第３条　前条ノ命令ハ主務大臣ヲ経テ勅裁ヲ請フヘシ

第4条　臨時緊急ヲ要スル場合ニ於テ台湾総督ハ前条ノ規定ニ依ラス直ニ第二条ノ命令ヲ発スルコトヲ得
前条ノ規定ニ依リ発シタル命令ハ公布後直ニ勅裁ヲ請フヘシ勅裁ヲ得サルトキハ台湾総督ハ直ニ其ノ命令ノ将来ニ向テ効力ナキコトヲ公布スヘシ
第5条　本法ニ依リ台湾総督ノ発シタル命令ハ台湾ニ行ハルル法律及勅令ニ違反スルコトヲ得ス
附　則　本法ハ大正十一年一月一日ヨリ之ヲ施行ス
明治二十九年法律第六十三号又ハ明治三十九年法律第三十一号ニ依リ台湾総督ノ発シタル命令ニシテ本法施行ノ際現ニ効力ヲ有スルモノニ付テハ当分ノ内仍従前ノ例ニ依ル

5　法三号の施行と台湾の特殊事情の調整

　法三号の制定により，日本内地法の直接適用が原則とされ，やむを得ない場合にのみ律令が制定されることとなった。実際，特別統治主義を定めた六三法，三一法の下で台湾総督により定められた律令は203件の多きを数え，勅令により台湾に施行された日本内地法は84件であったが，内地延長主義を定めた法三号施行後は，律令は67件であるのに対し，日本内地法は195件が台湾に施行された。このように，法三号実施後は明らかに多数の日本内地法が台湾に導入されていったのであるが，しかし日本内地の法律はもともと日本内地における適用を想定して制定されたものであり，台湾の特殊事情との間に調整が行われなければ円滑な実施は不可能であった。台湾領有後25年以上を経過するこの時期において，台湾特殊の事情とはどのようなものであったのであろうか。『外地法制誌3』は，以下の6項目を指摘している。

1　内地の行政は各省大臣が之を分担するのに対し，台湾の行政は台湾総督が一括してこれを総合担当している。
2　台湾の地方制度は官治的色彩が濃厚で，内地のそれと趣を異にしている。
3　台湾の地方制度，租税制度は内地のそれと相違するものがある。
4　台湾は本島人が大半を占め，高砂族のような未開の原住民をも包摂している関係上，これらの民族に関する慣習法の存在を認める必要がある。

5　台湾においては訴願の制度はあるが，行政訴訟の制度は認められていない。
  6　台湾においては内地の裁判所構成法の施行を見ず，その司法機構を異にしている。

　このように列挙された台湾特殊の事情は，結局のところ法三号第1条第2項に基づいて勅令によってこれに対処していかなければならなかった。そのような勅令のうち，最も重要でかつ最も包括的なものが「台湾ニ施行スル法律ノ特例ニ関スル件」(1922年勅令第407号) と「行政諸法台湾施行令」(1922年勅令第521号) である。政府は法三号を受けて，1922 (大正11) 年9月18日，勅令第406号により「民事ニ関スル法律ヲ台湾ニ施行スルノ件」を定め，民法，商法，民事訴訟法，破産法等の民事法を台湾に施行することとした。台湾特殊の事情に対応するために，同日発布したのが勅令第407号である。

　勅令第407号は，3章41か条から成り，第1章は通則であるが，主に内地の裁判所構成法と台湾総督府法院条例との調整規定である。第2章は「民事ニ関スル特例」であり，その第5条には，「本島人ノミノ親族及相続ニ関スル事項ニ付テハ民法第四編及第五編ノ規定ヲ適用セス別ニ定ムルモノヲ除クノ外慣習ニ依ル」という規定が設けられている。勅令第406号により民法を直接適用すると，親族相続についても日本内地法を適用することになる。しかし，たとえば相続だけをとって見ても，当時の内地法は長子単独相続を採用するのに対し，台湾の漢人社会では男子均分相続の慣習が一般的である。家族に関する漢人社会の慣習はきわめて根強いものがあり，これを否定して日本内地法を実施することは困難であり，特策でもないと判断され，家族の問題については台湾の慣習が保護されることとなったのである。また，第15条には，「本令施行ノ際現ニ存スル祭祀公業ハ慣習ニ依リ存続ス」と規定し，一族で祖先祭祀のために祖先の財産の一部を保有し，それゆえに一族内での紛争の頻発している祭祀公業という台湾独特の制度についてもこれを保護することとした。第3章は，刑事に関する部分である。大部分は刑事訴訟法の読み替えに関する規定であるが，第41条に，「当分ノ内治安維持法第三章ノ規定ニ拘ラス予防拘禁ハ之ヲ行ハス」とあるように，内地の制度が必ずしもすべて持ち込まれたわけではなかった。

今ひとつの勅令第521号は，印紙税法，鉄道営業法，電気事業法等の内地で行われている行政諸法の読み替え規定である。たとえば，第21条に「電信線電話線建設条例中逓信省トアルハ台湾総督府，市町村長トアルハ郡守市尹又ハ支庁長，裁判所トアルハ台湾総督府法院トス」とあり，内地の行政組織と台湾のそれとの読み替えを行っている。

これら包括的な勅令によって，1923（大正12）年1月1日より内地法の直接適用が進んで行くのであるが，台湾の現実はなおも独自の立法を必要としていた。ところが，現実に適応するために法三号第2条に基づき律令を発布して対処しようとすると，これがすでに台湾に施行されている法律に違背する恐れが生じることがあった。この点に台湾総督府が最も腐心したと言われている。そのような例としては，1936（昭和11）年に「台湾都市計画令」を律令によって発布するとき，これが民法等の法律に抵触するので，あえて「台湾都市計画関係民法等特例」を同時に勅令によって発布し，関係する法律の規定を事実上改廃している。たとえば，特例第6条によって土地区画整理に伴って地上権，永小作権等の権利が侵害される場合に，その権利を放棄することを定め，都市計画令の実施を容易にしている。あるいはまた，1941（昭和16）年に「台湾住宅営団令」を律令によって発布したが，同様に民法等の法律に違背する事項があるので，勅令によって「台湾住宅営団ニ関スル民法及非訟事件手続法ノ特例ノ件」を発布した。そこには，「台湾住宅営団（中略）ノ設立及登記並ニ台湾住宅営団ノ発行スル債券ニ関シテハ大正十年法律第三号第二条ノ規定ニ依リ台湾総督ノ発スル命令ヲ以テ民法及非訟事件手続法ニ対シ別段ノ定ヲ為スコトヲ得」と直截に規定されており，民法等の法律と異なる規定を持つ律令を認めたのである。このように，勅令によって本来法律より下位に位置するはずの律令を，事実上法律の上位に位置づけることが可能となったのであり，このような勅令を特例勅令と呼んだ。

6　委任立法と帝国憲法の関係

ところで台湾総督は，内閣の一部局である拓殖務省に属する行政官であり，

台湾領有時に定められた台湾総督府条例により，台湾における司法行政監督権をも含む行政権を掌握しており，さらに六三法により事実上の立法権をも有することとなったので，台湾においては，自ら立法し，これを実施することができた。その意味において，台湾における全権の保持者であった。このような権限が帝国憲法上許されるのか，これが六三問題の根幹にある問題点である。同時に，六三問題は，台湾という植民地の憲法上の位置づけ，すなわち台湾は日本であり帝国憲法が効力を有する土地なのか，それとも日本でありながらも帝国憲法の効力の及ばない特別の法域を形成するのかという問題を提起した。なぜなら，帝国憲法が及ばないのであれば，台湾総督の委任立法権が憲法に抵触することもないからである。

　台湾に帝国憲法が適用されるかどうかについて，当時の憲法学者の見解の多くはこれを肯定的に解するものであった。その根拠としては，第1に，帝国憲法が領土規定を欠いているが，新領土の取得は予見できたところであり，新領土の取得によって憲法は当然にそこに適用される。第2に，少なくとも六三法が台湾に適用される以上は，帝国憲法が新領土に適用されることを前提とする，といったことが挙げられる。これに対して，帝国憲法が台湾に適用されないという主張は，台湾は天皇大権によって統治されるべきであり，六三法は天皇の選択肢の1つに過ぎないから，六三法の適用を理由として台湾に帝国憲法が適用されるとは言えないと論じ，あるいは，帝国憲法前文の「八洲」は日本固有の領土の意味であり，また「祖宗ノ忠良ナル臣民ノ子孫」は固有の日本人をさしており，文化的伝統の異なる外地の民を意味するものではないと論じる。政府は，台湾領有当初は，帝国憲法が及ばない地域として軍事力により台湾統治を開始したこともあり，六三法制定時には帝国憲法が全部は施行されていないという意味で一部施行説とも言うべき見解を示していた。しかし，1906（明治39）年には，原敬内務大臣が六三法が帝国議会の協賛によって台湾に実施されている以上は帝国憲法が台湾に実施されているという見解を示すようになり，それ以降，実施説を採用するようになった。

　現実に，台湾において帝国憲法は完全に実施されたのだろうか。この問題については否定的な回答を与えなければならない。たしかに，1921（大正10）年

から台湾の知識人たちは台湾議会設置の請願を 15 回も行っており，それは帝国憲法第 30 条に定める請願権を法的根拠とするものであった。その意味では，帝国憲法が台湾に実施されていたと言うことができるが，しかし，台湾人に果たして日本内地の臣民と同等の権利義務が認められていたかと言うことになると，きわめて疑わしい。台湾に実施される諸法の立法過程に台湾人が参画することは事実上ほとんどなかったのであり，日本統治の全時期を通じて台湾人は植民地住民として日本政府により統治される対象でしかなかったと言うのが妥当であろう。

第4章　裁判所制度の創設と変遷

1　裁判所制度の変遷

(1)　軍政時期の紛争処理

　台湾総督府は，台湾統治の最初から司法の制度化を図っていった。1895（明治28）年6月17日，台湾総督府始政式を行い台湾経営に着手すると，6月28日には「仮地方官官制」を定め，司法権の行使については地方行政の長である台北，台中，台南の三県知事と澎湖庁司がこれを兼務し，いまだ県の設置されていない地域については陸軍局の下でこれを処理することとした。実際には，台北県でのみ司法事務の取り扱いが行われただけであったが，領有当初より司法が行政の一部として，そしてまた軍部との協力の上に運営されるという特色を有していた。行政機関における司法事務であるから，台北県では，警察部が刑事を，内務部が民事を管掌することとされており，行政官が司法業務を兼務した。

　しかし，台湾の抗日武装勢力が各地で抗日活動を展開したので，その鎮圧のために同年8月6日，軍政が敷かれると，施政直後の地方行政制度及び司法制度は停止された。10月7日，「台湾総督府法院職制」により，軍政下の司法制度の形成が進められた。そこでは一審終審制の司法制度が採用され，台北県直轄地及び基隆，淡水の各支庁管轄地に台湾総督府法院を設置するほか，台湾全土に11か所の法院支部が設置されたが，裁判の任に当たったのは，従前と同様に地方官であった。

(2) 民政時期の裁判所制度

① 三級三審制

　1896（明治29）年4月1日より，民政が実施されると，裁判機構も全面的な改変が行われた。5月1日，「台湾総督府法院条例」が律令第1号として発布され，その第1条に，「台湾総督府法院ハ台湾総督ノ管理ニ属シ民事刑事ノ裁判ヲ為スコトヲ掌ル」と明示され，台湾総督府法院は台湾総督の管轄下に置かれるようになり，軍部から独立した一部門となった。さらに，第2条に，「台湾総督府法院ヲ分テ地方法院覆審法院及高等法院トス」と定め，それまでの一審終審制を廃して，地方法院，覆審法院，高等法院からなる三級三審制が採用された。地方法院は，県庁，支庁及び島庁所在地にそれぞれ1か所置かれ，各管轄区域内における民事，刑事の事件について第1審として裁判に当たり，とくに刑事事件については予審を行った。覆審法院は台湾総督府所在地に1か所置かれ，地方法院の裁判について覆審する機関である。高等法院もまた台湾総督府所在地に1か所置かれ，覆審法院の判決が適法でない場合にこれを破棄し，正すことを職掌とした。

　判官と称された裁判官は，第4条に，「判官ハ勅任又ハ奏任トス，台湾総督之ヲ補職ス裁判所構成法ニ於テ判事タルノ資格ヲ有スル者ニ非サレハ判官タルコトヲ得ス」と規定し，日本内地の裁判所構成法において判事としての資格を有するものでなければならないとされたが，同条但し書きにより当分の間は地方法院の判官については資格を有しない者も任用することができた。これに対し，検察官は，第7条に，「検察官ハ勅任又ハ奏任トシ台湾総督之ヲ補職ス地方法院検察官ノ職務ハ警部長及警部ヲシテ便宜之ヲ代理セシムルコトヲ得」と定め，判官とは異なり，特段の資格を要件としないだけでなく，地方法院においては警部らが検察官としての職務を執ることができた。日本内地の裁判所構成法においては，第57条に，「判事又ハ検事ニ任セラルルニハ第六十五条（帝国大学法科教授らの特例）ニ定メタル者ヲ除クノ外試補トシテ一年六月以上裁判所及検事局ニ於テ実務ノ修習ヲ為シ且考試ヲ経ルコトヲ要ス」とされており，裁判官と検察官の任用条件については原則として差異はない。また，日本内地では，裁判官も検察官もともに親任，勅任，奏任とされたが，台湾では，勅任

と奏任に限られた。これは，台湾ではこれら司法官が台湾総督の補職により任じられたために，親任官である台湾総督よりも下位の官職をもって当てたためである。

台湾における司法は，台湾内ですべて完結する仕組みになっており，台湾統治の全時期を通じて，台湾総督府法院の判決に不服があっても，日本内地の大審院を頂点とする司法機構に審判を求める道は開かれていなかった。

高等法院を頂点とする三級三審制は，日本内地の裁判所構成法と類似する三級三審制であったが，実際にこれが実施されたのはわずか2年ほどであり，児玉源太郎総督と後藤新平民生長官による本格的な台湾経営が開始すると，裁判所制度は根底から変革された。

② 二級二審制

1898（明治31）年7月19日，律令第16号によって「台湾総督府法院条例」の改正が行われた。裁判所が台湾総督の管轄下に置かれることについては変化はないが，第2条に，「台湾総督府法院ヲ分テ地方法院及覆審法院トス」と定め，それまでの三級三審制を廃止して，地方法院と覆審法院から成る二級二審制が採用された。覆審法院は台湾総督府所在地である台北に1か所設置されたが，地方法院は台北，台中，台南の3か所に集約されたので，その管轄区域内に1か所もしくは2か所以上の地方法院出張所を設けることとした。その結果，台北地方法院の出張所として，新竹，宜蘭の2出張所，台南地方法院には嘉義，鳳山，澎湖の3出張所が設けられた。このようにして，台湾全土に地方法院又はその出張所を設置して，裁判による紛争処理の便宜が図られた。地方法院の設置場所及び出張所の設置場所については，その後何度か変更があったが，二級二審制は1919（大正8）年まで維持された。

1898（明治31）年の改正では，各法院と検察局に正式に通訳が配置された。司法官は日本人であり，現地の言語に通じていない上に，この時期の台湾では北京官話を話す者は少なく，日常的にはそれぞれの族群に応じて台湾語であったり，客家語であったり，あるいは多様な先住民族の言語が用いられていたことから，通訳が不可欠であった。

③ 臨時法院

この時期に設置された特別裁判所が臨時法院である。1896（明治29）年7月11日，台湾総督桂太郎は，「緊急ノ必要アリト認ム」として緊急律令の方式によって，1896（明治29）年律令第2号「台湾総督府臨時法院条例」を発布した。その第1条には，以下のように規定された。

> 台湾総督ハ左ノ場合ニ於テ必要ト認ムルトキハ臨時法院ヲ便宜ノ場所ニ開設シテ普通ノ裁判管轄ニ拘ラス之ヲ審判セシムルコトヲ得
> 1　政府ヲ顛覆シ邦土ヲ僭窃シ其他朝憲ヲ紊乱スルノ目的ヲ以テ罪ヲ犯シタル者アルトキ
> 2　施政ニ反抗シ暴動ヲ為スノ目的ヲ以テ罪ヲ犯シタル者アルトキ
> 3　政事ニ関シ枢要ノ官職ニ在ル者ニ危害ヲ加フルノ目的ヲ以テ罪ヲ犯シタル者アルトキ
> 4　外患ニ関スル罪ヲ犯シタル者アルトキ

本条に見られるように，臨時法院は台湾総督が必要と認めた場合に，これを通常の裁判管轄に属させずに，随時，便宜の場所において開設することのできるものである。民政が開始したとは言え，依然として台湾全土に抗日勢力があり，政治的，軍事的反抗に対して事件の発生した地域で迅速な対処をなすことが臨時法院の目的であった。1898（明治31）年に，「匪徒刑罰令」が定められると，同令の対象とする犯罪行為もまた臨時裁判所で処理されることとなった。台湾には各地に集団で略奪を行う匪徒が跋扈しており，これへの対処を迅速に行うことが必要であったからである。

臨時法院は，開設当初，覆審法院又は高等法院の判事資格を有する5人の判官が裁判に当たった。第6条に「臨時法院ノ裁判ハ第一審ニシテ終審トス」と定め，一審終審を原則とした。しかし，同条但書に，「法律ニ於テ罰セサル所為ニ対シ刑ヲ言渡又ハ法律ニ定メタル刑ヨリ重キ刑ヲ言渡シタルトキハ其法院若ハ高等法院ノ検察官ヨリ高等法院ニ上訴スルコトヲ得」と定め，法律上処罰対象とならない行為に対して刑が科せられた場合と，法律上の規定を逸脱して重い刑が科せられた場合には，高等法院の再審理を受ける道が開かれていた。しかし，1898（明治31）年の改正により高等法院が廃止されたために，臨時法

院の裁判官は覆審法院又は地方法院の判官3名をもって構成することとなり，さらに第6条但書が削除され，臨時法院以外の通常の裁判機関で再度審理を受ける道も閉ざされ，完全な一審終審制となった。通常の裁判所制度が二級二審制に改められたことの必然的結果であるとは言え，臨時裁判所において明確な法令違反があったとしてもそれを正す道は閉ざされたのである。

④　二級三審制

1919（大正8）年8月8日，律令第4号「台湾総督府法院条例中改正」により，法院制度は大幅に改正された。従来の二級二審制を廃止して，二級三審制とした。すなわち，第2条に，「台湾総督府法院ヲ分チテ地方法院及高等法院トス」と定め，従来の覆審法院を廃止して地方法院と高等法院の二級とし，高等法院に覆審部と上告部を置いた。覆審部は3人の判官による合議により地方法院の裁判に対する控訴及び抗告について裁判し，上告部は5人の判官による合議により覆審部の裁判に対する上告及び抗告について終審として裁判した。このように，高等法院上告部を最終審とする裁判制度が作られたのであるが，今回の改革のもうひとつの特徴は，同令附則に，「台湾総督府臨時法院条例ハ之ヲ廃止ス」として，臨時法院を廃止したことである。しかし，第4条に，以下の規定を置いた。

> 高等法院上告部ハ左ニ掲クル事項ニ付裁判ヲ為ス
> 1　施政ニ反抗シ暴動ヲ為スノ目的ヲ以テ犯シタル罪
> 2　政事ニ関シ枢要ノ官職ニ在ル者ニ危害ヲ加フルノ目的ヲ以テ犯シタル罪
> 3　外患ニ関スル罪
> 4　国交ニ関スル罪
> 5　匪徒刑罰令ニ掲ケタル罪

これらの罪については，高等法院上告部が「第一審ニシテ終審トシテ」裁判することとされ，事実上臨時法院の果たして来た政治事件や匪徒事件に対する迅速かつ簡便な対処は維持された。しかも，これらの事件については，第4条の2に，以下の規定を置いた。

> 高等法院ニ於テ必要アリト認メタルトキハ事件ノ裁判ヲ為ス為地方法院，地方法院支部其他便宜ノ場所ニ於テ法廷ヲ開クコトヲ得

高等法院が必要と認めるときは，地方法院，地方法院支部又は適宜の場所で法廷を開くことができたので，事件発生地で裁判を行うという臨時法院の特徴も維持された。それゆえ，臨時法院の廃止という事実のみをもって抗日事件への取り組み方法が変化したと考えてはならない。

2　台湾における司法権の独立性

　台湾における裁判所は，台湾総督の管轄下に置かれたので，日本内地のように立法，行政から独立した司法権ではあり得なかった。台湾総督府は，行政部門の拓殖務省内の一部局であるから，形式的には台湾における裁判所は行政の下部組織として位置づけることができる。しかし，先に見たように，1896（明治29）年の「台湾総督府法院条例」において，判官となることができるのは裁判所構成法において判事となる資格を有する者とされたので，地方法院の判官については当分この条件を適用しないという経過措置が採られたとは言え，台湾における判官は日本内地の判事と同等の資格を有する者であった。その結果，同一の資格を有する者が，日本内地では独立した司法権の担い手となるのに対し，台湾では行政の下に属するという差異が生じた。このような差異は司法権の担い手である裁判官の独立にも反映する。それが典型的に現れたのが高野孟矩抗命事件である。
　第3代総督である乃木希典大将は綱紀粛正を掲げて台湾経営に着手し，その下で初代高等法院院長として，また同時に総督府法務部長として台湾における司法権を率いたのが高野孟矩であった。高野は一切の供応を許さない高潔な人格の裁判官であり，開設当初の総督府において蔓延っていた汚職事件に一切の妥協を許さずに厳正に対処していった。捜査が進展するにつれ，総督に次ぐ高官である水野遵民政長官の汚職関与が取りざたされるようになり，乃木総督は水野民政長官を罷免せざるを得なくなった。開設早々の台湾総督府の混乱により台湾経営の失敗を指弾されることを危惧した松方内閣は，1897（明治30）年，高野高等法院長に停職命令を下した。しかし高野は，判官として身分は帝国憲法第58条2項の「裁判官ハ刑法ノ宣告又ハ懲戒ノ処分ニ因ルノ外其ノ職ヲ免

セラルルコトナシ」という規定により保障されていると主張し，停職命令を拒否して高等法院院長としての職務を執り続けた。この事態に対し，乃木総督は警察を指揮して強制的に高野院長を高等法院から排除し，内閣もまた命令拒絶を理由として高野を懲戒免職とした。この事件がマスコミに報じられると，反政府系の論客は行政権による司法権への介入を批判し，結果的に乃木総督が辞任することによって事態の収拾が図られた。

　高野事件は，台湾における裁判官は日本内地の裁判官と違って独立性を有していないことを明確に示すものであった。乃木総督の後を受けて第4代総督となった児玉源太郎は，高野事件に関連して台湾の14名の裁判官が辞任するか退職させられたことを重く見，1898（明治31）年の「台湾総督府法院条例」において，その第15条に，「判官ハ刑法ノ宣告又ハ懲戒ノ処分ニ由ルニアラサレハ其意ニ反シテ免官転官セラルルコトナシ」と規定して，初めて裁判官の身分保障を明文化した。しかし，同時に第17条に，「台湾総督ハ必要ト認ムルトキハ判官ニ休職ヲ命スルコトヲ得」との規定を設け，総督の絶大な権限を維持した。

　1919（大正8）年の改革において，第17条に定められた総督の休職命令権は削除され，裁判官の身分保障はかなり強化されたが，日本内地の裁判所構成法に見られるような，任意の転所，停職，減俸を禁じるまでにはいたらなかった。しかしながら，総督の休職命令権が削除されたことにより，この時期以降，台湾の裁判官はかなり独立性を有するようになったと考えられる。それを端的に示すのが台湾議会事件である。

　内地延長主義の下で1923（大正12）年から「治安警察法」が台湾に施行されると，台湾人の政治参加を要求する人々は台湾議会期成同盟会という政治団体の結成を同法第1条に基づき総督府に申請した。ところが，第8代田健治郎総督は，「安寧秩序ヲ保持スル為必要ナル場合」には「内務大臣ハ之ヲ禁止スルコトヲ得」（第8条）との規定を根拠に，結社禁止を命じた。そこで台湾人たちは，台湾においてではなく，東京の警察当局に政治団体結成の申請を行い，許可を得た。しかし，台湾の検察官は，禁止命令後も政治結社を継続しているとの理由により，同法第8条違反の刑罰規定である同法第23条に基づき，同盟

会に参加した蔣謂水ら18人を起訴した。第1審の台北地方法院は，日本内地における結社の承認は合法的であり，台湾総督の禁止命令の効力は日本内地に及ばないという見解を示し，これを無罪とした。第2審では一部の者を除き有罪とする判決が下り，第3審では上告が棄却されたので第2審の判決が最終判決として確定した。被告の東京における政治結社設立行為は台湾において禁止命令を受けた結社の延長上の行為であるとするのが第2審と第3審の解釈である。第1審の解釈が妥当か，第2審の解釈が妥当かという解釈上の問題よりも，ここで重要なことは第1審の裁判官が，総督の禁止命令違反というきわめて重大な政治的事件について，総督の権威を恐れることなく法解釈を行ったことである。その意味において，この時期には台湾の裁判官は，かなり独立性を有していたと見てよいであろう。

3　台湾領有初期における民訴不受理法

　裁判所の開設によって，台湾人及び在台の日本人はともに裁判所を利用した民事紛争の解決が可能となった。その結果，1897（明治30）年には2270件，1898（明治31）年には2108件の民事訴訟が第1審で受理されている。ところが1899（明治32）年，総督府は，律令第1号「民事上ノ訴ニ関スル律令」を発布し，「民事上ノ訴ニシテ明治二十八年五月八日以前ニ訴権ノ発生シタルモノハ地方法院ニ於テ之ヲ受理セス」と定め，台湾領有前に訴権の発生した民事事件を取り上げないとする政策を同年4月1日より実施しようとしたが，立法の遅れにより，同年律令5号によって1899（明治32）年10月1日よりこれを実施した。その結果，台湾領有前の清朝時代に訴権の発生した民事事件は裁判所における解決の道が閉ざされたのである。

　一方で台湾全土に裁判所を整備し，訴訟による紛争解決を目指しながら，他方において領台前に訴権の発生した事件を受理しないというのは，なぜであろうか。本律令の立法理由書には，3つの理由が書かれている。第1に，台湾領有以前に訴権が発生した民事紛争が受理件数の4分の1の多きを占めていること，第2に，清朝治下においては司法に関する一定の規範が存在せず，紛争処

45

理が数度にわたって繰り返されることもあって終局的処理が得られていないために，権利義務関係の複雑化した事件を裁決することはかえって正鵠を失し公益を害する恐れがあること，そして第3に，濫訴の弊害を防止することである。

このような複合的な理由から，領台前に訴権が発生した事件の法的処理を拒絶したのであるが，当時の訴訟の実態はこの理由に示されたようなものであったのであろうか。当時の統計によると，1898（明治31）年6月1日時点における第1審の受理した事件のうち台湾領有前に訴権の発生したとされる事件は，台北地方法院では135件の受理数のうち17件，台湾中北部の新竹地方法院では254件中14件と比較的少ない。しかし中南部では，台中地方法院で211件中94件，嘉義地方法院で286件中62件，鳳山地方法院で38件中12件と，かなり多くの割合を占めている。宜蘭地方法院と澎湖島地方法院を加えたこの時期の台湾の地方法院全体では984件中218件，すなわち22パーセント強が領台前に訴権が発生した事件であることから，理由書に言う4分の1というのはそれほど誤った数字ではない。

次に，「濫訴ノ弊」については，当時随所で指摘されているところであり，持地六三郎は「健訟の風あり」と指摘し，井出季和太も「本島人には健訟の弊があり」と述べている。ところが，1898年における訴訟件数を見ると，日本内地では第1審受理件数は人口10万人当たり230件であるのに対し，台湾では81件であり，人口あたりの事件数から見れば決して濫訴とは言えない。次に，裁判官数に比して訴訟件数が多く，裁判官の処理能力を超えて過重負担になっているのではないかということが考えられる。しかし，第1審の受理件数が3068件と初めて3000件を超えた1899（明治32）年の裁判官数は28人であり，本律令の効果によって翌1900（明治33）年には受理件数は1417件と半減したが，その後徐々に増加を始め3257件と再び3000件を超えた1906（明治39）年には裁判官数は24名であった。さらに，1914（大正3）年には6865件と6000件を超すが，その年の裁判官数は27人であった。この数字より判断する限り，法院開設当初において，裁判官数に比して受理件数が過大であったとは言えない。

それにもかかわらず，「濫訴ノ弊」という指摘がなされているのは，どうしてであろうか。それには，3つの理由があると思われる。

第1は，同一人物により多数の訴訟が提起されていることである。たとえば，台中地方法院の判決を見ると，後に彰化銀行の頭取となる呉汝祥という人物は，1899（明治32）年に16件の民事訴訟を提起している。彼は翌年以降も多数の民事訴訟を提起しているが，1898（明治31）年までは1件も訴訟を起こしていない。

第2の理由としては，同一事件について幾度となく訴訟が提起されていることである。一例として，新竹県苗栗に居住する徐某という者が原告となって数度にわたって起こした田地取戻訴訟を見てみよう。苗栗地方法院は，1897（明治30）年に次のように理由を付して判決した。すなわち，「田地取戻ノ訴ニ付両度トモ敗訴ニ帰シタルコトハ原告自カラ認ムル所ナリ，然ラハ則同一ノ田地ニ付再三訴訟ヲ試ミ回復ヲ図ラントスルハ法理上ハ勿論，事実上ニ於テ許ササル処ナリ」と。この理由に見られるように，すでに敗訴し，当該の田地が自己の所有でないということを了解していながらも，再三にわたり訴えが提起されている。裁判官にとっては，このような形の訴えは，濫訴と映ったのであろう。

そして第3の理由として，訴えを提起した後，判決を得る前に取り下げる事例が頻発していることである。現在，台湾台中地方法院に所蔵されている，法院開設後間もない時期の判決原本である『苗栗，埔里社，彰化，雲林，新竹，嘉義，判決原本第一冊』を見ると，135件の判決が収録されているが，その他に判決前に取下げが行われたことを示す記録が255件ある。実に判決数の2倍近くの事案が取下げられているのである。ちなみに，本律令施行後の状況を見てみると，たとえば『判決原本第十四冊，明治三五年』には，116件の判決が収録されており，これに対して取下げの記録は46件である。このことから見ても，法院開設初期における取下げ事例の多さは際立っている。各事件における取り下げの理由は定かではないが，おそらくは当事者間で和解が成立したのであろう。そこには，一方で公権力の一翼を担う裁判所に提訴し，同時に，そしておそらくは提訴したことを有利な材料として私的な和解を図ろうとする原告の姿が垣間見られるのであり，司法当局者にはこのような形で裁判所を利用する台湾人の傾向が訴訟好きと映ったのであろう。

なお，付言するに，政権の交代時に前政権下において訴権の発生した事件を

受理しないことは，たとえば，1872（明治5）年太政官代317号布告で1867（慶応3）年12月末以前に発生した金穀貸借の訴訟を受理せず，明治元年以降のもののみを受理することを定めたように，明治初期の政策にも見られるところであり，台湾総督府のみに認められる訴訟対策ではない。

4 民訴不受理法の運用

　1899（明治32）年律令第1号民訴不受理法の趣旨は，台湾領有前に訴権が発生した民事紛争については，地方法院はこれを受理しないというものである。「受理セス」という法文の文言から見ると，民事訴訟を提起しようとする者が自ら訴権の発生時期を判断して提訴を断念するか，あるいは裁判所の受付窓口で訴権の発生時期を判断して受理可能か否かを決めなければならないであろう。しかし訴権の発生時期の判断というのは著しく専門的な法的判断の1つであり，紛争の当事者や裁判所の受付窓口でこれができるとは限らない。訴権の発生時期の判断は，いったい誰がどの段階で行ったのであろうか。台湾台中地方法院に所蔵されている日本統治時期の判決の中には，この問題についての解明を可能とする判決が残されているので，それを基に検討してみよう。
　第1の事例は，原告林某がかつての雇用主である被告林某に対して水圳（すいせん）工事の賃金の支払いを求めた事例である。賃金不払いの事実については，被告も認めており，争っていない。この事件について，裁判所は次のような判決を下した。

> 該工事ノ竣工ハ被告申立タル如ク光緒十八年六月中ニアリトセハ，其訴権ハ当時既ニ発生シ居ルモノナルヲ以テ，明治三十二年九月三十日以後ノ提起ニ係ル本訴ハ同年律令第一号ノ規定ニ依リ受理スヘキモノニアラストス

　本件では，当事者間に領台前に訴権が発生したことについて争いがなく，それゆえ裁判官は争いのない事実に基づいて律令第1号を適用している。一見すると，律令第1号の趣旨に沿った判決であるが，しかし受理の可否を判決によって示していることに注意しなければならない。すなわち，訴権の発生時期につ

いては，当事者ではなく，裁判官が判断したのである。

　本件では事実について当事者間に争いがなかったが，争いのある場合はどのように処理されたのであろうか。

　次の事例は，原告陳某が被告鄭某等を相手取って起こした貸金返還訴訟である。原告は，原告の父が生前の光緒4年に被告等に金銭を貸付けたが返還されないので訴訟に及んだが，被告等は，金銭貸借の事実そのものを否定する。この事件について，台中地方法院は次のように判決した。

> 原告ノ提出シタル甲第一号証ニヨレハ本件貸借ハ清暦光緒四年中ニ成立シ，同九年癸未年冬至ヲ期限トスト謂フニ在ルヲ以テ，明治三十二年律令第一号ニ依リ地方法院ニ於テ受理スヘキ限リニアラストス，即原告ハ明治三十二年十月ヲ以テ本件貸借ノ救済権ヲ失脚シタルモノナルニ，明治三十三年一月十五日ニ及ヒテ此訴ヲ提出シタルハ不法ナルモノナリ，既ニ此理由ヲ以テ本件ヲ判決スル上ハ他ノ争点ニ立入リテ判定ヲナスヘキノ要ナシ

　ここに見られるように，原告の主張する貸借の事実が領台前に発生していることを理由として，裁判所は律令第1号により原告の請求を却下した。本件では，訴訟受理の可否について判断されているわけではない。「此理由ヲ以テ本件ヲ判決スル上ハ他ノ争点ニ立入リテ判定ヲナスヘキノ要ナシ」とあるように，審理事項の1つとして訴権発生時期が取り扱われている。結果的に，ここでは，民訴不受理法は訴訟の勝敗を決する法令として機能しているのである。

　民訴不受理法が，このように原告の主張を拒絶する機能を持つのであれば，被告が抗弁事由としてこれを援用することがあったとしてもなんら不思議ではない。一例を見てみよう。

　次の事件は，原告阮某と被告阮某等との間の公租輪流権確認及び不当利得取戻請求訴訟である。原告と被告は祖父を同じくする同族である。原告にも被告にも日本人弁護士が代理人として付いている。原告の主張は，彼らの祖父が遺した土地についてともに輪流収租権を有するにもかかわらず，被告がこれを独占しているので，原告にも輪流収租権があることの確認，並びに過去及び1899（明治32）年度の租谷の支払いを求めるというものである。これに対し，被告は次のように主張した。

被告ハ光緒十九年以来被告等カ右件ノ地所ヲ輪流管理シ居ルコトハ原告主張ノ通リ相違ナシト雖モ，原来原告ハ阮家ノ雇人ニシテ公租輪流権ニ加ハルヘキ権利ヲ有セサルモノナルヲ以テ，此請求ハ不当ナルノミナラス，本件争訟ハ明治三十二年律令第一号ニ依リ既ニ其訴権ヲ失脚シタルモノナルヲ以テ，旁原告ノ請求ハ不当ナルモノナレハ，其請求ヲ棄却セラレタシ

　この被告の主張は，原告に輪流収租権がないことを主張するだけでなく，「本件争訟ハ明治三十二年律令第一号ニ依リ既ニ其訴権ヲ失脚シタルモノ」であるとして，民訴不受理法によって原告が訴権を失っていることにまで論及している。裁判所は，次のように判決した。

案スルニ本件ハ光緒十九年即明治二十六年ニ於テ被告並ニ先代カ原告ノ輪流権ヲ拒否シ，独リ両名ニ於テ占有シタリト謂フニ在ルカ故ニ，原告カ救済ヲ求ムヘキ権利ハ既ニ此時ニ於テ発生シタルモノナルヲ以テ，明治三十二年律令第一号ニ依リ明治三十二年十月ヲ限リ其権利ヲ失脚シタルモノナリ

　本判決では，裁判所は争われている事実について判断することなく，訴権の発生時期のみを取り上げて，民訴不受理法により原告の請求を却下している。ここでは，民訴不受理法が単に領台前に訴権が発生した事件は受理しないというその文言の本来の意味を離れ，勝利を得るための攻撃防御の手段となっているのである。

　ところで，訴権は必ずしも一定の時期に一回だけ発生するというものではない。領台前の法律関係が領台後も継続している場合は，どのように取り扱われたのであろうか。一例を見てみよう。次の事例は，質地受戻訴訟であるが，原告林某は所有する土地を訴外陳某に出典し，その後当該土地は数度の転典を経て被告黄某が典権を継承するようになった。領台前の1878（光緒4）年，原告は被告との間で当該土地の受戻を約したが実行されないまま歳月を経，1901（明治34）年に出訴した。これについて，裁判所は，

本件ノ請求ハ即光緒四年以後之ヲ施行シ得ヘキノ地位ニアリテ，明治二十八年五月以前ニ訴権ノ発生シタルモノト謂フヘク，明治三十二年律令第一号ニ従ツテ訴権ヲ

失脚シタルモノトス

　と判断し，原告の請求を却下した。典というのは質権に相当する法的性質を有する担保物件と認識されていたので，受戻の行われない間は入質状態が継続していることになる。それゆえに原告は 1899（明治 32）年 10 月 1 日以降もこの法律関係が継続している以上は訴権も継続的に発生していると主張したが，この点について，裁判所は，以下のように述べている。

> 此点ニ関スル本院ノ例ハ従来区区一定セサルモノアルカ如シト雖モ，質物受戻ノ訴権ハ，特ニ期限ノ存スルモノハ格別，何時ニテモ施行シ得ヘキコト勿論ナレハ，理論上是非トモ如期決セサルヘカラス

　質物取戻の訴権はいつでもこれを行使することができるのであるから，1899（明治 32）年 10 月以前に行使しておかなければならなかったというのが判決の趣旨である。原告の懈怠による任意の法律関係の継続は，新たな訴権の発生原因とはならないという見解と見てよいであろう。
　一方，違法な原因が領台前から継続している場合には異なる取り扱いが行われた。一例を見てみよう。次の事例は，水圳取戻訴訟の一部として，原告呉某が被告張某等に対して水圳業主権すなわち水圳所有権の確認を求めて争った事例である。被告等は，以下のように主張した。

> 係争水圳ヲ以テ主参加原告ノ所有ナリト仮定スルモ，光緒十四年以降右被告等ニ於テ業主権ヲ行使シ来リタルノ事実ナルカ故ニ原告ノ訴権ハ明治二十八年以前ニ於テ発生シ居レルモノトシテ，明治三十二年律令第一号ノ規定ニ依リ本件ノ訴ハ却下スヘキナリ

　たとえ係争の水圳が以前において呉某の所有であったとしても，被告等が占有を開始した 1888（光緒 14）年に呉某の業主権確認の訴権が発生しており，したがって民訴不受理法により呉某は提訴することができないというのである。これに対して，裁判所は，以下のように論じ，呉某の提訴を認める中間判決を下した。

> 主参加原告カ主参加被告ノ中ニ於テ係争水圳ヲ占有セルコトハ主参加被告等ノ間ニ於ケル水圳取戻請求事件ノ本訴カ起リタルニ依テ始メテ知了シタリトノコトナレハ，本件ノ起リタルト同時ニ発生シタルモノ云フヘク，随テ明治三十二年律令第一号ノ規定ニ支配サルヘキニアラスト認メタル

　本判決では，原告が被告等による不法占有の事実を知ったのは領台後であるから訴権はこのときに発生したとして，民訴不受理法は適用されないとしたのである。不法占有の開始は領台前であり，その時点で原告に訴権が発生しているとする被告等の主張を容れずに，不法占有の事実を了知した時点で訴権が発生するという判決の論理は，当事者の承服するところとはならず，事件は覆審法院の判断を受けることとなった。覆審法院は次のように判決した。

> 付帯控訴人ハ本控訴人ハ光緒十四年以来係争水圳ヲ付帯控訴人等ノ占有管掌ニ委シテ顧ミサルモノナレハ，縦令本控訴カ係争水圳ノ業主権ヲ有セリトスルモ，其占有ヲ失ヒシ当時ニ於テ訴権ヲ発生シ，明治三十二年律令第一号ニ依リ已ニ訴権ヲ喪失シタルモノナリ，故ニ本訴ハ該律令ノ規定ニ従ヒ却下スヘキモノナリト主張スルト雖，本控訴人ハ自己ノ業ニ属スル係争水圳ヲ付帯控訴人等ノ為ニ覇佔セラレタリト主張スルモノニシテ，不法占有ノ如キハ占有ヲ奪ハレタル当時ニ於テ占有回復ノ訴権ヲ発生スルノミナラス，苟クモ占有ノ継続スル限リハ時々刻々ニ訴権ヲ発生スルモノナレハ，付帯控訴人ノ主張ハ理由ナク，原中間判決ハ其当ヲ得タルモノトス

　覆審法院の論理は，地方法院の採用した不法占有の事実を知ったときに訴権が発生するという論理をさらに進め，不法占有の場合には占有が継続している限りいつでも訴権は発生しているというものである。他の裁判でも覆審法院は，
「覇占ノ行為カ継続セル間ハ幾多ノ歳月ヲ経過スルモ尚ホ之ヲ以テ一所為ト見做スヘク，其所為ノ継続セル間ハ訴権モ亦継続シテ発生ス」と述べている。
　以上に見たように，1899（明治32）年律令第1号民訴不受理法は，領台前に訴権の発生した事件は受理しないという文言からなる法であるが，訴権の発生時期という専門的判断が問われるときは，裁判所が事件を受理した後，判決の中でこれを判断した。また，被告が抗弁の手段としてこの法を利用して自己に有利な判決を勝ち取ろうとしており，結果的に裁判の勝敗を決する道具の1つとして利用された。さらに，領台前から一定の状態が継続して領台後に及んで

いる場合，提訴しないことが原告の責めに帰せられるときには同法に基づいてこれを受理しない。裁判所は権利の上に惰眠をむさぼるものは保護しないということである。しかし，領台前から不法状態が継続している場合には，領台後の提訴であっても，これを認めるという判断をした。

5　民事争訟調停制度

　裁判以外の紛争処理の手段として制度化されたのが，民事争訟調停制度である。1897（明治30）年，総督府は，地方官が民事紛争の調停を行うことを認めたが，1904（明治37）年には，律令第3号「庁長ヲシテ民事争訟調停等ヲ取扱ハシムル件」を発し，第1条に次のように定めた。

　　澎湖庁長，恆春庁長及台東庁長ハ其管轄区域内ニ於ケル左ノ事項ヲ取扱フ
　　1　民事争訟調停
　　2　公証登記其ノ他ノ非訟事件
　　3　前掲各号ノ執行

　これにより，澎湖庁長らの行政の長が正式に民事争訟の調停を行うこととなったのであるが，その目的は，裁判所所在地と離れている若干の地方について公的権力による紛争処理を可能にし，またそれに伴って裁判所における訴訟を減少させることにあった。それゆえ，当初は，離島の行政庁である澎湖庁，台湾南端の恒春庁及び東海岸南部の台東庁を対象としてその庁長が民事争訟調停を行うことに限定されていた。1910（明治43）年には恆春庁の替わりに東部の花蓮港庁においてこの制度を始めた。離島や台湾東部は交通の遮断された地域であり，地方官が紛争処理を行わざるを得なかったという実情があったからである。しかも，日本統治以前においては，司法と行政は分離しておらず，地域の紛争は地方官が調停を命じるのが慣例であった。したがって，庁長による民事紛争の調停は清朝時代からの慣例を踏襲したものでもあった。台湾人にとっても総督府にとってもこの制度は好都合であったのか，1912（明治45）年には，律令第2号「明治三十七年律令第三号中改正」を発布し，その第1条に，

「庁長ハ其ノ管轄区域内ニ於ケル民事争訟調停及其執行ヲ取扱フ」と規定し，都市部を含む台湾全土にこの制度を拡大した。その結果，一方では裁判所による紛争解決という日本内地とほぼ同様のシステムが存在し，他方では行政による紛争解決という日本内地には存在しないシステムが並存した。

　民事争訟調停は，調停の申立により開始するが，庁長による召喚命令を受けたにもかかわらず申立人又は相手方が出頭しないときは，これらの者は1918（大正7）年，総督府令第43号として発布された「台湾違警例」第1条90号の「正当ノ事由ナキ限リハ官署ノ召喚ニ応セサルヘカラス」という規定に抵触し，拘留又は科料に処せられたので，調停の申立があった以上は必ず調停が開始された。調停が成立すると，先に見た1904（明治37）年律令第3号第2条の，「調停ノ成立シタル争訟ト同一事件ニ付テハ訴訟ヲ提起スルコトヲ得ス」との規定に基づき，当事者は同一事件について裁判所に訴訟を提起することはできず，調停が最終的効力を有した。このように，訴訟と比べて決して両当事者にとって有利とは言えない制度であったが，これが多用されたのには，いくつかの理由がある。第1に，地方官による紛争解決が清朝時代からの慣例であり，台湾人にとって違和感なく受け入れられたこと，第2に，費用が訴訟と比べて3分の1程度であったこと，また弁護士の必要がなかったことなど経費の節減が可能であったことである。また，調停成立がほぼ70パーセントを占め，不成立は10パーセント以下であったことから見て，確実な解決が得られることも要因であろう。

6　南中国の領事館の裁判権

　1842年の南京条約によって，アモイ，広州などの港を開放してから，中国には西欧列強が領事館を設置して外交，貿易及び自国人の保護に当たるようになり，日本も同様に中国進出を果たしていった。アモイでは，1902（明治35）年に，アモイ島対岸のコロンス島に共同租界が設けられ，日本領事館もここに設置された。同じ福建省内には福州にも領事館が設置されたし，広東省には汕頭，広州に領事館が設置された。領事官は限定的ではあるが裁判権を有してお

り，実際，アモイの旧日本領事館の地下には小規模ではあるが監獄が設置されており，今日に残されている。これら南中国の領事裁判の管轄が1921（大正10）年，法律第25号により，台湾総督府法院の系統に属することとされた。それによると，南中国というのは，福建省，広東省，雲南省の三省を指し，南中国に駐在する日本の領事官が予審を行った犯罪に関する事件の公判は台湾総督府の管轄下にある台北地方法院が管掌し，また，領事官が行った裁判に対する控訴及抗告は台湾総督府高等法院覆審部が管轄することとなった。これにより，台湾総督府法院の管轄地域は，台湾だけでなく，中国南部にまで広がっていった。

第5章 刑 事 法

1 軍政時期の刑事法

　刑事司法は，治安を維持し，社会の健全な発展に資することを最も重要な役割とするものであるが，他面において，人民のさまざまな活動を制約し，場合によっては自由な言論や活動を抑圧する機能を持つ。植民地時代の台湾においては，この2つの側面がともに現れている。

　台湾領有直後の1895（明治28）年7月6日，総督諭告の形をとって「台湾人民軍事犯処分令」が発布された。日本軍の軍事力による台湾鎮圧が行われていた時期であり，この法令は台湾人全体を対象にしたものであるとは言え，軍事的色彩のきわめて濃いものであった。たとえば，第1条に列挙されている行為を見ると，「大日本帝国ノ陸海軍ニ抗敵スル所為ヲ企タル者」や「軍隊軍艦軍用船舶ノ所在動静又ハ軍用物件ノ分量所在等ヲ敵ニ密報シタル者」（第1条）のように，軍事行動を妨害する行為を死刑とした。そして，その処分は，「軍法会議又ハ台湾総督府民生局之ヲ為ス」（第3条）とあるように，通常の裁判所ではなく軍事法廷又は行政において行われたのである。

　9月になると，法令取調委員会が設けられ，法院制度などの諸法令が審議され，その公布と同じ時期の11月17日，「台湾住民刑罰令」及び「台湾住民治罪令」が日令として公布された。「台湾住民刑罰令」は台湾住民を対象としており（第1条），全43条から成るもので，窃盗や殺人など民間で発生する犯罪を掲げるが，同令に列挙されていない行為についても日本陸海軍刑法及び日本内地の刑法に対象条文がある場合は，これを処罰することができた（第3条）。さらに，内乱，政府に対する抗敵行為，軍事施設に対する妨害行為，スパイ行為などの軍や政府に対する反抗行為及びその予備陰謀についても死刑とする

(第13条)など，いまだ軍事鎮圧の過程にある時代状況を反映したものでもあった。なお，刑罰の一種として徒刑を規定しているが（第4条），清朝時代の刑罰が台湾住民に馴染み深かったからであろうと思われる。徒刑は1日以上15年以下の期間を徒刑処に留置することと規定されているが（第7条），同令と同時に公布された「台湾監獄令」第1条では既決監に徒刑判決を受けたものを収容することとなっているので，実際には監獄に収容された。「台湾住民治罪令」は，台湾住民刑罰令の定める犯罪に関する訴訟手続きを定めたものである。犯罪に対する判決は法院で行うことが原則とされるが（第1条），しかし帝国刑法の違警罪，台湾諸罰令において本刑懲役2月以下罰金30円以下に当たる犯罪については，犯罪者の住所地又は犯罪発生地の憲兵諸隊長又は警察署長らが判決することができた。しかも，憲兵将校，地方各行政長官，警部らが検察官として犯罪捜査と起訴を行うこととされており（第3条），捜査と起訴が分離しておらず一体化していた。このような日本内地と異なる制度が設けられたのは，台湾がいまだ戦地であるという認識があったこと，さらに法院であれ警察であれ制度は作られたもののいまだ人的にも物的にも完備しておらず，現実問題としてこのような方式による対処しか方法がなかったことが理由であろう。

2　民政時期の刑事法

　民政が開始すると，台湾総督府は1896（明治29）年8月14日，律令第4号として「台湾ニ於ケル犯罪処断ノ件」を発布した。その内容は，「台湾ニ於ケル犯罪ハ帝国刑法ニ依リ之ヲ処断ス」とあるように，台湾における犯罪の処断は帝国刑法によるというものである。もっとも，「其条項中台湾住民ニ適用シ難キモノハ別ニ定ムル所ニ依ル」とあり，現地事情について一定の留保は認めてはいるが，日本内地の刑法が全面的に直接適用されることとなった。次いで1898（明治31）年7月16日には，これを廃して「民事商事及刑事ニ関スル律令」が発布され，内地の刑法，刑事訴訟法の適用が明記されたが，第1条に「本島人及清国人ノ刑事ニ関スル事項」は別に定めるまでは現行の例によるとして，台湾人民と清国人の刑事事件については従来通り，現地の事情に応じた方式が

踏襲された。日本内地と最も異なっていたのが「匪徒刑罰令」であった。

3　匪徒刑罰令

　台湾には清朝時代より土匪と称される無頼の徒の集団が各地に存在し，正業に就かずに集落を襲ったりしていたが，中には反政府運動を行う者もあった。清朝時代には大規模な土匪の反乱が22回もあり，中でも朱一貴，林文爽の乱は一時台湾全島に広がり，朱は帝と称するほど大きな勢力を有した。明治政権が台湾を接収した後も総督府統治に対する土匪の抵抗はあい次ぎ，当初，総督府は軍事力によってその鎮圧を進めたが，民政が敷かれると危険界とされた山間部では憲兵と軍隊の軍事力によって平定し，不穏界とされた中間地域は憲兵と警察によって警備し，安全界とされた平地の村落都邑は警察によって警備する三段警備によって，これに対処しようとした。また，保甲制度を敷いて近隣の相互監視の下に抵抗や犯罪の未然防止に努めた。しかしながら，土匪の跋扈は依然として収まることはなく，児玉源太郎総督のときに土匪招降策を実施し，武器等を放棄して正業につく意思のある者には罪を問わないこととした。これがアメに当たるとすれば，他方において制定された「匪徒刑罰令」はムチ(ひと)に当たるであろう。

　「匪徒刑罰令」は，1898（明治31）年11月5日，律令第24号として緊急律令の形をとって制定公布された。その全文は以下の通りである。

　　　第1条　何等ノ目的ヲ問ハス暴行又ハ脅迫ヲ以テ其目的ヲ達スル為多衆結合スル
　　　　　　ヲ匪徒ノ罪ト為シ左ノ区別ニ従テ処断ス
　　　　1　首魁及教唆者ハ死刑ニ処ス
　　　　2　謀議ニ参与シ又ハ指揮ヲ為シタル者ハ死刑ニ処ス
　　　　3　附和随従シ又ハ雑役ニ服シタル者ハ有期徒刑又ハ重懲役ニ処ス
　　　第2条　前条第三号ニ記載シタル匪徒左ノ所為アルトキハ死刑ニ処ス
　　　　1　官吏又ハ軍隊ニ抗敵シタルトキ
　　　　2　火ヲ放テ建造物汽車船舶橋梁ヲ焼毀シ若ハ毀壊シタルトキ
　　　　3　火ヲ放テ山林田野ノ竹木穀麦又ハ露積シタル柴草其他ノ物件ヲ焼毀シタ
　　　　　　ルトキ

　　　　4　鉄道又ハ其標識灯台又ハ浮標ヲ毀壊シ汽車船舶往来ノ危険ヲ生セシメタルトキ
　　　　5　郵便電信及電話ノ用ニ供スル物件ヲ毀壊シ又ハ其他ノ方法ヲ以テ其交通ノ妨害ヲ生セシメタルトキ
　　　　6　人ヲ殺傷シ又ハ婦女ヲ強姦シタルトキ
　　　　7　人ヲ略取シ又ハ財物ヲ掠奪シタルトキ
　　第3条　前条ノ罪ハ未遂犯罪ノ時ニ於テ仍本刑ヲ科ス
　　第4条　兵器弾薬船舶金穀其他ノ物件ヲ資給シ若ハ会合ノ場所ヲ給与シ又ハ其他ノ行為ヲ以テ匪徒ヲ幇助シタル者ハ死刑又ハ無期徒刑ニ処ス
　　第5条　匪徒ヲ蔵匿シ又ハ隠避セシメ又ハ匪徒ノ罪ヲ免カレシメンコトヲ図リタル者ハ有期徒刑又ハ重懲役ニ処ス
　　第6条　本令ノ罪ヲ犯シタル者官ニ自首シタルトキハ情状ニ依リ其刑ヲ軽減シ又ハ全免ス
　　第7条　本令ニ於テ罰スヘキ所為ハ其本令施行前ニ係ルモノモ仍本令ニ依テ之ヲ処断ス

　第1条に示されているように，「匪徒刑罰令」の内容は，いかなる目的であれ暴行又は脅迫によってその目的を達するために多数の者が結合することを匪徒の罪として，首魁及び教唆者，謀議に参与し又は指揮した者は死刑，附和随従して雑役に服した者を有期徒刑又は重懲役に処すというものであり，多数の者が終結しただけでもその目的によっては死刑を科した。さらに，このような匪徒が官吏や軍隊に抗敵したときや人を誘拐したり他人の財物を略奪したときなどにも死刑が適用された。「匪徒刑罰令」はこのように多数の者が集合して犯罪を犯すことに対して厳罰をもって臨むことを宣言した法令であるが，刑事法令という観点から見たときに，日本内地とは異なる原則が採用されていることに気付く。すなわち，第7条に示されているように，「匪徒刑罰令」は本令の施行日である発布当日より以降に発生した事件だけでなく，それ以前に発生した事件についても適用することとされており，遡及処罰を容認して罪刑法定主義を否定した。日本内地で実施されていた1882（明治15）年刑法では近代国家の法としての体裁を整えて，第2条に「法律ニ正条ナキ者ハ何等ノ所為ト雖モ之ヲ罰スルコトヲ得ス」と定め，続いて第3条1項に「法律ハ頒布以前ニ係ル犯罪ニ及ホスコトヲ得ス」と定め，近代刑法の原則である罪刑法定主義が宣

言されていたにもかかわらず，台湾においてはこれを認めなかったのである。さらに，匪徒事件は政治犯としての性格をも有したことから，一審終審が原則である臨時法院において審理されることも多かった。他方，同令には土匪招降策が反映されており，第6条に見られるように，自首した場合には刑の減免が認められたことも特徴である。

　「匪徒刑罰令」は，日本内地においてもその厳酷性のために批判されることの多い法令であったが，台湾総督府は，同令を用いて匪徒事件の鎮圧を進めた。とりわけ匪徒が単なる無頼の徒ではなく抗日勢力となることも多かったので，政治的鎮圧の目的をもって同令を利用した。明治35年ころまでは同令を適用した事件がかなり多く，それだけ台湾統治の困難さを示すものであったが，たとえば最も適用件数の多かった1899（明治32）年では，普通法院が判決した匪徒被告事件の匪徒数は1436人であり，そのうち863人が死刑を宣告されており，無罪を宣告されたのはわずか128名であった。1902（明治35）年に686名を数えた匪徒事件の被告人数は1903（明治36）年になると133名，1904（明治37）年には25名に減少しており，この時期に匪徒への対処がほぼ終わったことを示している。しかし，日本の統治が進むに従い，これに反抗する勢力が大規模な抗日事件を起こすこともあった。1907（明治40）年の北埔事件，1913（大正2）年の苗栗事件などが抗日事件としての性格を帯びたものとして知られているが，最も大規模なのが1915（大正4）年に検挙が行われた西来庵事件であった。第一次大戦を機に抗日運動を企てた者たちが対支21か条要求で日中関係が悪化したのを好機として1913（大正2）年から台南の寺廟西来庵の信徒から軍資金を得て武装蜂起した。警察署などを襲撃し日本人54名を殺害したが，軍事鎮圧により300余名の死者を出して敗れた。1年以上の長期にわたる事件であったが，匪徒事件として起訴された者が1942人，そのうち903人が死刑判決を受けた。もっとも，実際に処刑されたのは首謀者3名を含む132人であり，その他は大正天皇即位大礼の恩赦により減刑された。大正時代には，元年，3年，4年と3度にわたって勅令によって恩赦が実施され，多数の匪徒事件の囚人がその特典に浴した。その理由は，単に附和随従しただけの者が多く，これらの者は刑務作業によって社会的順応性を身につけたと判断されたためである。抗

日思想家や政治運動家といった首謀者はわずかに過ぎず，これらの者は恩赦の特典に預かってはいない。

　ここに一例を見たように，「匪徒刑罰令」は，軍事鎮圧と併用されながら台湾人の抗日運動に対する鎮圧・制裁規定として猛威を振るったのであった。もとより，匪徒とは本来は土匪のことであり，第2条6号，7号に示されているような，殺人，強姦，略取誘拐，財物掠奪といった無頼の徒の集団による一般の台湾人襲撃に対して厳罰をもって迅速に対処するという機能を有しており，その意味では台湾人に好意的に受け入れられる側面もあったことも事実であるが，実際には抗日勢力の弾圧に利用されることが多かったと言えるであろう。

4　犯罪即決制度

　軍政時期において軽微な犯罪については，憲兵諸隊長，警察署長らが処断することが認められたが，民政が始まってもこのような措置は継続された。1896（明治29）年，律令7号「拘留又ハ科料ノ刑ニ該ルヘキ犯罪即決例」が定められた。その第1条に，以下のように定め，10日以内の拘留又は1円95銭以下の科料に相当する犯罪について即決することができた。

　　警察署長及分署長又ハ其代理タル官吏並憲兵隊長及下士ハ其管轄内ニ於ケル十日以内ノ拘留又ハ一円九十五銭以下ノ科料ノ刑ニ該ルヘキ犯罪ヲ即決スヘシ

　即決の言い渡しに不服があるときは地方法院に正式の裁判を請求する道が開かれてはいたが（第3条），警察署長らが即決できる点では軍政時期の方式と変わるものではなかった。1904（明治37）年にはこれを廃止して新たに律令第4号「犯罪即決例」を定めた。その第1条に，以下のように規定された。

　　庁長ハ其ノ管轄区域内ニ於ケル左ノ犯罪ヲ即決スルコトヲ得
　　　1　拘留又ハ科料ノ刑ニ該ルヘキ罪
　　　2　主刑三月以下ノ重禁錮ノ刑ニ処スヘキ賭博ノ罪
　　　3　主刑三月以下ノ重禁錮又ハ百円以下ノ罰金ノ刑ニ処スヘキ行政諸規則違反ノ罪

これによると，即決可能な犯罪の範囲が拘留又は科料の刑に当たるすべての罪，主刑3月以下の重禁錮の刑に当たる賭博の罪，主刑3月以下の重禁錮又は100円以下の罰金に処すべき行政諸規則違反の罪に拡大された。即決権者は地方行政の長である庁長とされ，従来即決処分をなすことができた憲兵隊長，警察署長は直接的には即決権がなくなった。しかし，第13条に，「台湾総督ハ必要ト認ムルトキハ支庁長及庁警部ニ本令ニ掲ケタル庁長ノ職務代理ヲ命スルコトヲ得」と定め，台湾総督が警部に庁長の職務の代理を命じることができたので，依然として警察が即決権を有していた。その後，1920（大正9）年の改正により，警察署長が行政の長の代理として即決権を持つことが明記され，1927（昭和2）年の改正では，警察署長に代わり地方警視，州警部らが代理することができるようになったが，州警部補と庁警部補は拘留又は科料に当たる罪についてのみ即決権を有するという制限が加えられた。行政の長ないしは警察が即決権を有する制度は，台湾人の権利保障という点で問題があるとされることが多いが，この時期の日本内地においても，警察署長，分署長，その代理たる官吏が軽微な罪を中心に構成されている違警罪について即決権を有していたことから見て，裁判官以外の者に即決権を認める制度は台湾特有のものとは言えない。しかし，即決の対象となる犯罪の範囲が台湾では一定の重禁錮に当たる罪にまで拡大されている点に特徴がある。

　即決が行われた事件の刑罰は，1904（明治37）年に定められた律令第1号「罰金及笞刑処分例」によって運用された。同例第1条には，「主刑三月以下ノ重禁錮ノ刑ニ処スヘキ本島人及清国人ノ犯罪ニ付テハ情状ニ依リ罰金又ハ笞刑ニ処スルコトヲ得」と定められ，主刑3月以下の台湾人と清国人についてはその情状により罰金又は笞刑に処することができた。さらに，第2条では，主刑又は附加刑の罰金100円以下の刑に処すべき場合にも本島内に一定の住所を有しないときや無資産と認められたときには笞刑に処することができ，第3条では，拘留又は科料の刑が科せられる場合にも情状により笞刑を科することができると規定された。笞刑の執行は監獄において秘密に行われるが，即決官署において言い渡された場合にはその官署で執行された。警察官署で即決が行われる場合には，逮捕権者，即決権者及び執行権者が同一であるということになり，統

治者側から見れば簡便であるが，台湾人の側から見れば権利保障の一切ない制度ということになろう。

笞刑処分を受けた人数は，1904（明治37）年では，裁判所の判決による司法処分を受けた者が600人であるのに対し，即決による行政処分は1846人であった。行政処分の人数が最も多かったのは1913（大正2）年であり，司法処分が1981人であるのに対し，行政処分は4249人であった。犯罪即決制度と笞刑が密接な関係にあったことがわかる。

笞刑という日本内地の刑法には存在しない刑罰を台湾人に適用したことについては，台湾人を非文明人として扱ったという批判がある。しかし寝食の保証のある監獄が楽園として利用される弊も見られたようであり，監獄の正常な運営のために，あるいは罰金の納付が困難な場合など，現実にはこのような方法で対処するしかなかったのであろう。しかし時代が進むと，台湾人と日本内地人との間の差別待遇に対する批判が起こるようになり，明治末年ごろから笞刑の存廃をめぐって世論が喚起されるようになった。これに拍車をかけたのが板垣退助の訪台であった。板垣は東亜民族の大同団結という政治的理想に立脚して日中両民族の友好団結の接点として台湾を位置づけるという台湾論を展開し，「台湾統治の根本は唯一に同化主義にある」と説き，台湾人に日本内地人と同等の権利を求めていく運動を先導した。台湾の知識人たちは，板垣の影響を受け，教育の機会均等や台湾を特別法域とする六三法の撤廃などを求める台湾同化会を発足させた。台湾同化会は発足後わずか1か月で解散を命じられたが，日本内地人と台湾人の差別待遇撤廃運動の成果の1つとして，本例は1921（大正10）年に廃止された。

5　治安維持のための諸施策

台湾人の自警組織として制度化されたのが保甲制度であった。保甲制度は，およそ10戸をまとめて甲とし，10甲をまとめて保として行政の末端の組織とするものである。もともと中国にこの種の制度があり，日本統治前の台湾巡撫劉　銘伝（りゅうめいでん）の時代に自治警察組織を官府の支配下に置くことが進められていたが，

日本統治下になると，とりわけ台湾中部で土匪の跋扈に対処するために自警団のような組織が設けられていた。総督府は，1898（明治31）年，律令第21号「保甲条例」を発布し，台湾全土にわたって保甲制度を実施した。その目的は，第1条に，「旧慣ヲ参酌シ保甲ノ制ヲ設ケ地方ノ安寧ヲ保持セシム」とあるように，治安の維持に置かれた。保，甲の長である保正，甲長は行政の末端組織である街庄長の事務を補佐し，また土匪や水害火災の防御のために保甲に設けられた壮丁団は警察の補助機関となったので，保甲は行政，警察の末端機関として機能した。

　保甲制度の最大の特徴は，第2条に，「保及甲ノ人民ヲシテ各連坐ノ責任ヲ有セシメ其連坐者ヲ罰金若ハ科料ニ処スルコトヲ得」とあるように，犯罪が発生した場合に連座責任を負わされることである。連帯責任を定めた目的は犯罪隠匿の防止にあり，第2条に定める刑罰連座と保甲内部の規約上の連座があったが，第2条が適用されたのは1919（大正8）年に18件，1920（大正9）年に7件，1924（大正13）年に1件のみであった。また，連座者の受ける処罰は，罰金又は科料であり決して重い刑罰ではなかった。しかし，連帯責任という近代刑法において否定される原理が導入された点で，台湾支配のあり方を象徴する制度であると言うことができる。

　保甲制度は，警察及び行政の補助機関としての役割を果たしてきたが，1920（大正9）年に，律令第6号「台湾街庄制」が実施され，行政の末端組織として街庄が位置づけられると，保甲との業務重複が生じ，保甲制度の廃止論が現れてきた。1925（大正14）年，台中州彰化街長らが保甲制度撤廃を帝国議会に請願したが，その理由の1つに連座制の廃止があげられた。帝国議会における政府委員の答弁でも連座制の廃止は最優先事項であることが明言されたが，日中戦争発生後は保甲が地域の治安維持に果たす役割が大きくなり，存廃の議論は行われなくなっていった。

　総督府は，浮浪者や生業に就かない者に対する取締りを重視し，1900（明治33）年に，律令第21号「台湾保安規則」を制定した。その第1条は，以下の通りである。

本島ニ在住スル内地人又ハ外国人ニシテ左ノ事項ノ一ニ該当スル者ト認ムルトキハ地方長官ハ予戒命令ヲ為スコトヲ得
　　1　一定ノ住居及生業ヲ有セスシテ諸方ヲ徘徊スル者
　　2　平常粗暴ノ言論行為ヲ事トスル者又ハ他人ノ身上若ハ行為ニ対シ誹譏讒謗ヲ事トスル者
　　3　何等ノ口実ヲ以テスルニ拘ラス他人ニ対シ脅迫ニ渉ル言論行為ヲ為ス者又ハ他人ノ行為業務ニ干渉シ其事由ヲ妨害スル者
　　4　無根ノ流言ヲ作為シ口頭又ハ文書図画ニ依リ之ヲ世間ニ流布スル者
　　5　他人ヲ教唆シ第二号乃至第四号ノ言論行為ヲ為サシメタル者

　ここに見られるように，一定の住居及び生業を有しないで地方を徘徊する者や粗暴な言論のある者，あるいは他人を害する者等に対して地方長官が予戒命令を発することとした（第1条）。その対象は，「本島ニ在住スル内地人又ハ外国人」とあるように，台湾人ではなく，台湾に在住する日本内地人と外国人であったことに注意しておかなければならない。ともすると，律令の形式をとる法令は台湾特殊の事情を反映したものであるから台湾人が対象になると考えられがちであるが，台湾に在住する日本内地人に対しても律令を用いた規制が行われたのである。なお，予戒命令は，書面による戒告であり，本人に下付すると同時に当該地方において公布された。さらに，第4条において，以下のように定め，地方長官に治安妨害者や予戒命令を2回以上受けた者に対する台湾在住禁止命令権を与えた。

地方長官ハ本島在住ノ内地人又ハ外国人ニシテ左ノ事項ノ一ニ該当スル者ニ対シ一年以上三年以下本島在住ヲ禁止スルコトヲ得
　　1　治安ヲ妨害セントシ又ハ風俗ヲ壊乱セントスル者
　　2　二回以上引続キ予戒命令ヲ受クルモ其行為ヲ改メサル者

　他方，台湾人に対しては，1906（明治39）年に，律令第2号「台湾浮浪者取締規則」を定めて対処した。その第1条には，「庁長ハ一定ノ住居又ハ生業ヲ有セスシテ公安ヲ害シ又ハ風俗ヲ紊スノ虞アリト認ムル本島人ニ対シ其ノ定住又ハ就業ヲ戒告スルコトヲ得」と規定されており，庁長は一定の住居又は生業を有せず，公安を害したり風俗を乱す恐れのある者に対して定住又は就業の戒

告を行うことができた。戒告をなしても効果のない者は強制就業執行地に送ることとした。強制就業は台湾東南部の台東に設けられた浮浪者収容所で行われたが，実際の作業は監獄と変わることはなく，事実上，授産に名を借りた刑罰であり，しかも行政の判断のみによってこれが行われたという批判がある。

6　アヘンに関する罪

　台湾領有当初より台湾に蔓延っていた悪習の１つがアヘンの吸引である。総督府は，これを厳禁するか，それとも漸禁するか，いずれの方策を採用するか逡巡したが，長年にわたる悪習は根深いものがあり，一挙にこれを禁じれば騒乱が起こる恐れがあることなどから，漸禁の方針を採った。1897（明治30）年１月，律令第２号「台湾阿片令」を発し，民間によるアヘンの輸入製造販売を禁止して政府の専売とした。そして，アヘンや吸引器具の販売は鑑札を受けた業者のみが行えることとし，アヘン中毒者で吸引の許可を受けた者のみ特別の許可を与えて吸引を許した。同令には，鑑札を受けずに販売した者に対して，有期徒刑又は５千円以下の罰金に処することが規定されているが，許可を得ずに吸引した者を処罰する規定は設けられなかった。販売にも吸引にも許可制を宣言したものの，台湾全土に一挙に販売鑑札と吸引許可制度を実施することは困難であることから，販売鑑札又は吸引許可がなくても従前どおり営業と吸引が認められるという経過規定を併置した。

　一方において，総督府は本令の趣旨の周知とアヘン吸引の害を宣伝し，これが台湾全土に周知されたと判断し，翌1898（明治31）年８月，「台湾阿片令」を改正して，経過措置を廃止した。そして，許可を得ずに販売したものを処罰するだけでなく，第14条に「特許ヲ得スシテ阿片煙ヲ吸食シタル者ハ三年以下ノ重禁錮ニ処シ又ハ三千円以下ノ罰金ニ処ス」と定め，無許可の吸引者に対して刑罰によって対処することとした。総督府による教化活動の効果も相俟って，1897（明治30）年に吸引許可を受けた者が５万人余であり，1900（明治33）年には最も多い16万5000人余，全人口の６パーセント強もあったが，1926（昭和元）年ころには３万6000人ほどに減少した。1928（昭和3）年，「台

湾阿片令」が改正され，第10条に「台湾総督ハ阿片烟膏吸食ノ習癖アル者ヲ矯正スル為必要ナル処分ヲ為スコトヲ得」と定め，応報や制裁としての刑罰から矯正へと法令の内容を変更した。その成果もあって，1939（昭和14）年には許可を受けて吸引する者は1万人以下になった。

7　行　　　刑

　領有当初の軍政下において，「台湾監獄令」，「監獄仮規則」が定められはしたが，実際には特別の施設が設けられたわけではなく，警察署や憲兵隊の留置場が刑務所として利用されていた。その後，1899（明治32）年，律令第3号「台湾監獄則」が定められ，台湾全土の刑務所制度の基礎が作り上げられた。そして1900（明治33）年9月，「総督府監獄官制」により，地方官の管理下にあった台湾の刑務所がすべて台湾総督の管理下に置かれることとなった。刑務官は，司獄官と称され，1897（明治30）年4月に台北に設けられた巡査看守教習所において警察官とともに養成されたが，本格的養成のために1898（明治31）年6月に「警察官及司獄官練習所官制」を発布，警察官及び司獄官としての教育が行われた。教育内容は監獄法のほかに憲法，行政法，刑法に及んでいる。定員は当初200名であったが，1906（明治39）年には350名にまで増員されている。とくに，治安の安定しない中での勤務から警察官の離職者が多く，また死亡者も多かったために補充が必要とされたことがその原因である。

　監獄の運営は，「台湾監獄則」第1条に，「監獄ニ関スル規程ハ特ニ定ムルモノヲ除ク外明治二十二年勅令第九十三号監獄則ニ依ル」と定め，日本内地の監獄則と同様の運用方式が台湾でも実施された。監獄には，日本内地人と台湾人がともに収容されたが，その取り扱いには若干の差異が見られた。すなわち，第3条に，「本島人若ハ清国人タル男囚ノ髪ハ習慣ニ依リ辮髪セシム」とあり，台湾人と清国人の慣習である辮髪が認められた。現地の慣習の尊重が民事法だけでなく，行刑の実務にまで及んでいたことが分かる。

　「台湾監獄則」は，1908（明治41）年8月，日本内地で監獄法が制定されたのに合わせて改正され，律令第10号「台湾監獄令」として発布された。第1

条で，監獄に関する事項は監獄法によると規定し，日本内地法の方式が採用されたこと，また辮髪を認めたことも変わりないが，台湾の地方の事情に即した規程が加えられた。すなわち，第3条に，「澎湖，恒春，台東ノ三庁ニ於テハ犯罪即決例ニ依リ刑ヲ言渡シタル者及労役場留置ニ処シタル者ヲ其ノ庁ノ留置場ニ拘禁スルコトヲ得」として，懲役刑を受けた囚人であっても，留置場において拘禁することとした。これらの地方は，離島や交通不便な地域であるので，現地の実情に即した処理として考えられた方法である。

　先に述べた「台湾保安規則」や「台湾浮浪者取締規則」の立法趣旨が生業を持たないものの授産にあったことからもわかるように，台湾においては授産のための施策が重要視された。監獄においても同様であり，釈放者保護事業として，1905（明治38）年には，台南監獄に累攻舎が設けられて出所後の保護事業を展開し，後には台北に一新舎，台中に再生舎が設けられ，同様の活動を展開した。1915（大正4）年にはこれらが一体となって財団法人台湾三成協会が組織され，保護事業を展開した。後には，嘉義厚生舎，高雄洗心舎などの地方団体も生まれ，総督府はこのような保護事業に対して補助金を支出するようになった。

第6章　民　事　法

1　民事事件の適用法

　軍政時期の1895（明治28）年11月3日，「台湾住民民事訴訟令」が発布された。その第2条に，「審判官ハ地方ノ慣例及条理ニ依リ訴訟ヲ審判ス」と定められ，11月17日より民事裁判に当たっては地方の慣例と条理に基づいて審理されることとなった。次いで，民政時期の1898（明治31）年，「民事商事及刑事ニ関スル律令」が発布され，その第1条には次のように規定された。

> 民事商事及刑事ニ関スル事項ハ民法商法刑法民事訴訟法刑事訴訟法及附属法律ニ依ル，但左ニ掲クル事項ハ別ニ定ムルマテ現行ノ例ニ依ル
> 　1　本島人及清国人ノ外ニ関係者ナキ民事及商事ニ関スル事項
> 　2　本島人及清国人ノ刑事ニ関スル事項

　これにより，民事，商事に関する事項は民法，商法，民事訴訟法及び付属法律によることが原則とされたが，台湾人及び清国人のほかに関係者がいない民事，商事の事件については「現行ノ例ニ依ル」として，従来の方式を踏襲することとした。すなわち，官吏，軍人，入植者など日本内地から渡来した日本人については日本内地法を適用し，台湾人と清国人のみが関係者であるときは地方の慣習と条理に基づくこととされたのである。また，土地に関しては，同時に発布された民事商事及刑事ニ関スル律令施行規則第1条に「土地ニ関スル権利ニ付テハ当分ノ内民法第二編物権ノ規定ニ依ラス旧慣ニ依ル」と定め，いかなる者が関係する場合であれ当分の間は日本内地民法の物権の規定によらずに台湾の慣習に従うこととした。

　このように，領台当初より台湾の慣習は西洋法を受容して形成された日本内

地法と大きく異なっていたので，民事については現地事情を斟酌することが求められたのであった。その後，1899（明治32）年8月9日の律令により遺失物と埋蔵物に関して定めた民法第240条と第241条が台湾人と清国人にも適用されることとなり，また1907（明治40）年10月12日の律令により債務の弁済に関する民法第494条から498条までが台湾人と清国人にも適用されることとなった。このように部分的に日本内地法が適用されることはあったが，台湾人には日本内地法ではなく慣習に基づいて裁判を行うという領有当初からの方針は，民政開始後10年以上を経た明治40年代になっても変わることはなかった。1908（明治41）年に公布された「台湾民事令」では，第1条で，「民事ニ関スル事項ハ民法，商法，民事訴訟法及其ノ附属法律ニ依ル」と，日本内地の民事法によることを規定したが，これは日本人と日本人又は日本人と台湾人もしくは清国人が台湾において関係する事項について定めたものであり，台湾人又は清国人のみが関係する場合には，第3条に，以下のように定められた。

> 本島人及清国人ノミノ間ノ民事ニ付テハ左ノ規定ヲ除クノ外民法，商法及其ノ附属法律ニ依ラス旧慣ニ依ル
>   1　民法第二百四十条及第二百四十一条
>   2　民法第四百九十四条乃至第四百九十八条

　遺失物と埋蔵物及び債務の弁済に関する規定以外は旧慣，すなわち慣習に従うという従前の方式を踏襲したのである。なお，土地に関する事項は，第2条に，「土地ニ関スル権利ニ付テハ民法第二編物権ノ規定ニ依ラス旧慣ニ依ル」と定め，日本内地人が関係する場合であっても台湾の慣習に従うこととした。
　このように，六三法の下では現地の慣習が尊重されたのであるが，1921（大正10）年，内地延長主義を掲げる法三号が制定されたことにより，内地法の直接適用が原則とされるようになった。これを受けて，翌1922（大正11）年，律令第6号により「台湾民事令」など従来行われていた律令の改廃手続きを行い，日本内地法導入の前提作りを進めたが，日本内地法と台湾の実情とは必ずしも一致するものではなかった。とくに，土地に関する権利関係については，台湾で行われていた業主権を所有権に，胎権を抵当権に読み替えるなどして日本内

地法との接続が試みられた。しかしながら，とりわけ親族，相続に関する慣習は，日本内地のそれとは大きく異なっていた。そこで，1922（大正11）年，勅令407号として，「台湾ニ施行スル法律ノ特例ニ関スル件」を発布し，台湾人の親族，相続については民法第4編，第5編を適用せず，依然として慣習によることとした。それゆえ，これらの法分野については日本統治時代を通じて，日本内地とまったく異なる法域が存在することとなり，裁判官は旧慣と呼ばれる台湾の慣習に基づいて判決した。

2　台湾の慣習

(1) 慣習調査事業

慣習が適用される対象である台湾人，すなわち法令上の用語で言えば本島人とはどのような人をさすのか，そして台湾の慣習はどのようなものであるのであろうか。裁判所が本島人と考えたのは，台湾領有前から居住する大陸渡来の漢人とその子孫が中心であり，蕃人（ばんじん）と呼ばれた先住民のうちこれら中国系の人々の文化に同化した者とその子孫又は中国系の人々との婚姻によりその家に入った者たちであった。山地に居住する蕃人については，その風俗習慣が中国渡来の人々と異なることからこれを本島人とはみなさなかった。

台湾の風俗とも言うべき慣習としては，たとえば，纏足のように中国に古くからある習慣が持ち込まれたものがあり，1905（明治38）年の臨時台湾戸口調査では，全島の纏足女子は80万人余であり，女子総人口の56.9パーセントであったことが報告されている。纏足年齢に達しない5歳以下の女子を除くと66.6パーセントに当たり，台湾の女性の3分の2が纏足をしていたことになる。

この一例にも見られるように台湾の慣習は日本内地とあまりにも異なることから，その調査の必要性は台湾領有当初より唱えられていた。とりわけ，法制度に関連する慣習として，家族と土地に関する慣習の調査が必要であった。1895（明治28）年8月には，民生局学務部長であった井沢修二が人情風俗の視察を提唱しており，これが旧慣調査必要論の嚆矢である。同年には，台湾制度考の編纂及び台湾資料収集の建議もなされ，旧慣調査の機運が高まった。9月

には，民政局長水野遵によって「台湾行政一班」が樺山総督に提出された。これは最初の包括的な行政報告書であると同時に，台湾の慣習についても相当な言及が見られる。翌年，六三法が実施され，台湾の実情に配慮した特別統治が実施されるようになると，台湾の旧慣の調査が必要不可欠の作業となった。総督府は民生局参事官室に臨時調査掛を設け，台湾固有の慣習の調査を開始した。とくに，先に見たように，土地については民法第2編を適用せずに旧慣によることとされたので，土地に関する慣習の調査が急がれた。しかも，土地所有に関する問題は，地租の確保という面からも重要な課題であったので，明治1898（明治31）年に臨時台湾土地調査局が設置され，土地調査事業が本格的に推進された。

このような前史を経て，1901（明治34）年10月，「臨時台湾旧慣調査会規則」が発布され，臨時台湾旧慣調査会が台湾の慣習調査の役割を担うようになった。その業務は，法制及び農工商経済に関する旧慣の調査だけでなく，それを基礎として立法を行うことにも置かれた。そして，京都帝国大学の岡松参太郎らが委員に任じられた。旧慣調査の成果は『台湾私法』，『清国行政法』などにまとめられ，今日においても台湾の慣習を研究する上で重要な史料となっており，先住民の慣習についても『蕃族慣習調査報告書』などが刊行された。台湾の慣習を基礎として台湾総督の指定した法案の起草が行われ，1909（明治42）年から1914（大正3）年までの間に5回にわたって法案審査会が開かれたが，もっぱら慣習に基づく法を制定するまでにはいたらなかった。

他方，民間においても慣習の調査研究の必要性が認識され，1900（明治33）年10月に台湾慣習研究会が発足した。同会は，会長に児玉源太郎台湾総督，副会長に後藤新平民政長官を招き，裁判官，行政官のほか臨時台湾旧慣調査会の委員も参加し，1907（明治40）年まで機関紙である「台湾慣習記事」を毎月刊行し，台湾の慣習研究に大きな貢献をなした。

先住民の慣習研究については，臨時台湾旧慣調査会で大きな成果が挙げられたが，調査未了の部分もあったので，1919（大正8）年に総督府に蕃族調査会を設置して慣習調査を継続し，パイワン族やタイヤル族の調査をまとめた。

(2) 土地に関する慣習と土地整理

　先に概観したように，土地に関する調査は1898（明治31）年に臨時台湾土地調査局が設置されてから本格化した。台湾の土地所有は，清朝時代に福建省等からの移民が中国南部の習慣を持ち込んだことからきわめて複雑なものとなっていた。

　資力のある移民は，官より開墾の許可を受けたが，自ら開墾することはなく，農具や肥料を実際の開墾者である農民に与えて工作に従事させた。しかし農民の中にも，自ら開墾に従事せずに，小作人に作業を委ねるものもあった。小作人が中間に位置する農民に納める租穀を小租と言い，中間農民が大地主に納める租穀を大租と言い，官は大租戸から租税を徴収した。しかし歳月の経過するうちに，大租戸は単に小租戸より租穀を受けて納税するだけの役割を担い，土地所有の実権は小租戸に移っていった。しかも，大租権も小租権もそれぞれ別個のものとして移転していったので，大租戸も小租戸も相互にその権利者が誰であるかわからない状態になっていった。

　清朝末期の台湾巡撫である劉銘伝は小租戸に土地所有権を認めて，これを租税の負担者とする改革を行ったが，台湾北部で一部実施されただけで全島実施にはいたらず，挫折した。

　総督府の土地整理事業は，台湾の土地の正確な測量と同時に，大租権を買い上げてこれを消滅させ，小租戸に所有権を認めるというものであった。すなわち，1903（明治36）年に律令第9号「大租権確定ニ関スル件」を定め，その第1条に，「本令ニ於テ大租権ト称スルハ業主権ニ対スル大租権ヲ謂フ」として，所有権である業主権と大租権は異なるという方針を採用した。次いで翌1904（明治37）年，律令第6号「大租権整理ニ関スル件」を発布し，その第1条に，「明治三十六年律令第九号ニ依リ確定シタル大租権ハ消滅ス」と定め，第2条に，「政府ハ前条ニ依リ消滅シタル大租権ニ対シ大租権者又ハ其ノ相続人ニ補償金ヲ交付ス」と定めて，大租権の整理に乗り出した。そして1903（明治36）年から1905（明治38）年までの間に，大租戸に補償金を交付して大租権の整理を終えた。その金額は377万円以上にのぼり，1905（明治38）年の地租収入が297万円余であったことから見ても，膨大な金額であった。

土地調査事業の終了に合わせて，1905（明治38）年に律令第3号「台湾土地登記規則」が制定された。その第1条に，登記すべき権利として，業主権，典権，胎権，贌耕権を掲げ，これらの権利の，「設定，移転，変更，処分ノ制限又ハ消滅ハ相続又ハ遺言ニ因ル場合ヲ除クノ外此ノ規則ニ依リ登記ヲ為スニアラサレハ其ノ効力ヲ生セス」と定めた。業主権は所有権，典権は質権，胎権は抵当権，贌耕権は小作権に相当するものとして取り扱われたが（第5条），条文に明記されているように，物権の得喪及び変更について登記が効力発生要件とされた。日本内地法では民法第177条に定めるように，登記は第三者に対する対抗要件であるとされたのとは大きく異なっていた。なお，法三号実施に伴い，台湾土地登記規則は廃止され，勅令407号第7条において，「台湾不動産登記規則又ハ台湾土地登記規則ニ依リテ為シタル登記ハ民法第百七十七条ノ規定ノ適用ニ付テハ本令施行ノ日ヨリ不動産登記法ニ依ル登記ト看做ス」と定め，従前の登記を日本内地の不動産登記法に基づく登記と読み替えた。その結果，民法第177条が適用され，登記は第三者に対する対抗要件へと変化した。

(3) 家族に関する慣習

日本内地と大きく異なるのが家族に関する慣習である。とりわけ，慣習法上，妾の存在が認められていたので，妾を認めない日本内地法と大きな違いがあった。まず，親族から見てみよう。親族関係が，婚姻，出生，縁組を原因として発生することについては，台湾の場合も日本内地と同様である。しかし台湾では，とくに婚姻と養子縁組について，日本内地とは異なる慣習がある。

婚姻については，一夫一婦制であることは日本内地と同様である。しかし，その意味合いは相当異なる。なぜなら，正妻は一人であるが，妾の存在が公認されているからである。正妻を有する男性が妾を迎えることを夫妾婚姻と言うが，台湾の慣習では正妻の承諾を必要としなかった。日本統治下において，裁判所はこのような妾の存在を慣習として容認してきた。早くは，1896（明治29）年の控訴審判決で，「妾ハ本島ニ於テ公認セラレタル身分関係ニシテ之ヲ以テ良俗ニ背クモノト云フヲ得ス」として，妾を法的に保護した。「他人ノ妾ト婚姻スルハ不適法ナリ」と論じた1906（明治39）年の判決も，そのような立

場に立ったものである。

　しかし中には，裁判官の心情が表れ出た判決も見られる。1920（大正9）年の判決では，「妓ヲ擁シ妾ヲ蓄フル等ノ如キハ法禁ノ事項ニアラスト雖モ，人格アル紳士ノ最モ慎ム所ニシテ高尚ナル道徳善良ナル風俗ヨリ之ヲ観レハ当然為ス可カラサル行為ニ属シ」と論じている。このような例外とも言うべき判決があるにはあるが，妾の容認と法的保護は，日本統治の全時期を通じて裁判所の一貫した立場であったと言ってよい。

　妾は，正妻に準じる身分を取得し，夫との関係では準配偶者とみなされ，夫の父母及び正妻との間に姻族としての親族関係を生じた。1908（明治41）年の判官協議会決議では，「妾ノ家長（夫）正妻及家長ノ父母トハ親族ニ準ス」として，このような慣習を法的にも承認した。もっとも，妾に準配偶者としての地位を認め，法的に保護するとは言っても，日本内地法上は妾が存在しないので日本内地法が適用される場合に，これを配偶者として位置づけることはできなかった。それゆえ，1904（明治37）年の判決に，「妾カ他人ト結婚シタリトスルモ為メニ重婚罪ヲ構成スルモノニアラス」とあるように重婚罪を構成することもなかったし，1916（大正5）年の判決に「妾ハ本島ノ旧慣上一種ノ身分関係ヲ認メラルルト雖，刑法第百八十三条ニ有夫ノ婦トアルニ該当スヘキモノニ非サルガ故ニ，姦通罪ヲ構成セス」とあるように姦通罪を構成することもなかった。

　夫妾婚姻が慣習上認められてきた大きな理由は，祖先祭祀の維持のために男系子孫を残すことが重要視されてきたからであると考えられる。家系図である族譜を見ると，夫の名の横に正妻と妾の名が記されているが，妾であることは特記されない。したがって，数世代後になって族譜を見ると，それが妾なのかそれとも後妻なのか分からないようになっている。また，族譜には男子の子孫のみが記されるが，男子の母親が誰であるかは記されることがない。その結果，後に見るように相続については嫡出子であるか非嫡出子であるかにかかわりなく，男子均分相続が慣習となっている。

　今ひとつの準婚姻関係は，養媳（ようそく）と呼ばれる者と夫となるべき者との関係である。台湾では，尊族親が将来自分の直系卑属である男子の妻とすることを目的

として，幼女を迎え入れることがあり，迎え入れられた幼女を養媳あるいは媳
婦仔(そくふし)と称した。養媳は，将来男子の妻となることを目的としており，同姓不婚
の慣習が根強いことから，当然に夫となるべき者とは異姓であることが条件と
された。養媳は養子ではないので，夫となるべき者の親族との間では姻族関係
が生じる。養媳は自己の意思でその身分を離脱することはできなかったようで
あり，1906（明治39）年の判決では，「養女自身ニ於テ養親ニ対シ離縁ヲ求メ
得ル慣習ノ存在ナシ」と論じている。他方，夫となるはずの者が養媳との婚姻
を望まない場合について，1931（昭和6）年の判決は，「男子カ媳婦仔トノ婚姻
ヲ欲セサルトキハ之ヲ拒否シ他ノ女子ト婚姻スルコトヲ得ヘシ，然レトモ之ハ
媳婦仔縁組ノ主タル目的ヲ喪失スルヲ以テ，該婚姻ハ媳婦仔離縁ノ一原因トナ
ル」と論じ，必ずしも婚姻しなければならないことはなく，また養媳離縁の原
因となるとしている。

幼女を迎え入れる慣習が生じたのは，聘金(へいきん)と呼ばれる一種の結納金の授受が
目的とされることが多かったことによる。貧富の差が激しい社会では多額の金
銭により子供の売買が行われることがあったが，人身売買自体は法の禁じると
ころであったので，結納金を支払う形で偽装が行われたようである。婚姻につ
いての1917（大正6）年の判決に，「婚姻ヲ売買婚トシ聘金ヲ以テ其身代金ナリ
トスル下流社会ニ行ハレタル観念」と述べているものがあり，金銭の授受が婚
姻や養媳関係の成立に当たって重要な目的とされていたことがわかる。

次に，養子について見てみよう。養子には，過房子，螟蛉子(めいれいし)及び養女がある。
過房子というのは，跡継ぎとするために同宗の他の家から迎え入れた男子のこ
とである。1913（大正2）年の判決に，「過房子カ其生家ヲ相続シタルカ為メ直
ニ養家ノ相続権ヲ当然喪失シタルモノト云フヲ得ス」とあることからもわかる
ように，過房子は生家と絶縁するものではない。これに対して，螟蛉子という
のは，生家と絶縁して迎え入れる男子であり，同姓であるか否かは問われない。
跡取りとすることが目的の場合もあれば，家門の隆盛を図るために行われるこ
ともある。1908（明治41）年の判決にも，『台湾私法』の収録した慣習を踏襲
して，「螟蛉子ハ本島ノ慣習上之ヲ買断シ」と述べているように，金銭の授受
を伴うことが慣例であった。養家から生家に渡る金銭を身価銀と称した。

第 6 章　民　事　法

　最後に，養女というのは，姓が同一であるかどうかにかかわりなく，他人の女子を迎え入れて自己の子とする場合の養子のことである。将来，娼婦とする目的で養女とする場合もあった。
　台湾における相続は財産相続であった。相続人は 1913（大正 2）年の判決に「本島相続ノ順位ニ関スル慣習ハ，被相続人ノ男タル子ヲ第一位ニ置キ」とあり，また 1917（大正 6）年の判決に，「女子カ亡父ノ遺産ヲ相続スルハ他ニ之ヲ相続スヘキ男子ナキ場合ニ限ル」とあるように，通常の場合は男子に限られていた。また 1898（明治 31）年の判決に，「本島ニ於テハ遺産ハ子ニ均分ス」とあるように，嫡出であるか非嫡出であるか，あるいは長子であるかどうかにかかわりなく，男子間で均分相続が行われた。例外的に，親族間の協定があれば女子が相続人となることも可能であり，あるいは跡継ぎができるまでの間女子が中間的に相続することもあった。日本内地民法にあるような相続放棄は，慣習的に存在していなかった。相続財産は，被相続人のすべての財産であるとは限らず，後に述べるように，将来における祭祀の永続性を主目的としてこれに必要とされる一定の財産を除いた後に，残余の財産について均分相続されることがあった。
　当時の日本内地民法に設けられた戸主権という考え方は，台湾には存在しなかった。しかし，台湾総督府令第 93 号「戸口規則」が 1905（明治 38）年 12 月に制定され，翌年 1 月 15 日より実施されたことにより，変化してきた。「戸口規則」は，戸籍に関する事項を記した戸口調査簿を警察官吏派出所又は駐在所に備え置くという警察上の目的から定められたものであるが，出生，養子縁組，死亡等の戸口の変動に関する事項については，戸主が関係書類に連署し，かつ戸主が届け出ることとした。このようにして，戸主が一家の事務を統括する制度が浸透していくと，おのずと一家の長としての戸主という考え方が台湾社会に根付いていった。
　当時の日本内地民法では，第 746 条に，「戸主及ヒ家族ハ其家ノ氏ヲ称ス」と定められており，日本内地では一家に属する家族は皆同じ氏を名乗った。台湾では，氏に該当するものは姓であるが，一家の中で必ずしも皆が同じ姓を名乗ったわけではなかった。妻，妾，招夫，螟蛉媚（さばいかん）などは，その属する家におい

77

て別の姓を名乗った。婚媒(さばい)というのは，妻が婚姻により夫の家に入る際にその実家から付き従ってくる女性のことであり，通常，妻が死亡した後も実家に帰ることはなかった。妻が夫と異なる姓を名乗るのは，同姓婚の禁忌を冒していないことを表示することから生じた慣習であるとされるが，今日の台湾社会においても維持されている。なお，妻が，実家の姓だけを名乗る場合と，婚姻の事実を表示するために実家の姓の上に夫の家の姓を重ねて表示することがある。たとえば，陳某という女性が王某という男性と結婚した場合，王陳某というように名乗ることがあり，これも今日にまで維持されている慣習である。

(4) 祖先祭祀と家族及び土地所有の結合した慣習

臨時台湾旧慣調査会の作業により台湾の多様な旧慣が明らかになってきたが，その中でも最も日本内地と異なっており，また紛争が頻発してその解決に裁判所が最も腐心したのが祭祀公業であった（巻末の**資料3**を参照）。祭祀公業とは，ごく大雑把に言えば，祖先祭祀を目的として設定された土地であり，古くから南中国に慣習的に存在しており，台湾に最も多く存在している。公業の公とは個人のものではないという意味であり，業とは土地のことである。通常は，功なり財を成した者が生前に自己の財産の一部を公業として永久に処分を許さない旨の契字と呼ばれる契約書を作成し，これを子孫への均分相続の対象としないことを誓約することによって設定される。子孫は公業の財産を小作に出すなどしてそこから生じる収益によって祖先祭祀を永久に継続し，祭祀費の残余が生じればこれを派下と呼ばれる子孫たちで分配することもできた。

このように，祭祀公業は死後における祭祀の永続性を願う南中国の人々の思想に基づいて生まれた制度であるが，1908（明治41）年の調査時点で台湾全土に少なくとも12199件の公業の存在が確認されており，1920（大正9）年ごろには3万とも4万とも推定されるほど多数の公業が存在していた。これだけ多数の公業が存在すると，祖先祭祀の永続性を目的とし，かつ個人所有に属さない土地という祭祀公業の特徴がすべての公業に認められるわけではない。

とくに問題となったのは，祭祀公業には必ず子孫の存在を必要とするかどうかということであった。『台湾私法』は，祭祀公業が他人のために設定される

こともあり、あるいは生存中に他人に財産を託して死後における祭祀を依頼する場合もあり、このような子孫以外のものが祭祀に関わる場合は厳密には祭祀公業とは言えず、その変体であると言う。これに対し自ら判事として実務に携わった姉歯松平は、祭祀公業とは死者の祭祀を目的として設定された独立の財産であるとして、子孫の必要性を要件とせず、幅広く祭祀公業を認める。現実に、『台湾私法』で変体とされた例や、地方の開発に尽力した偉人を血縁にない者が一定の財産を提供して祭祀する例があり、これを祭祀公業と認めないと帰属不明の財産が存在することになり、利害関係人との権利義務関係の点でも、管理の点でも妥当性を欠くことになるからである。裁判所もまた、子孫の存在は祭祀公業の決定的要素ではないとする見解を採っている。

このように、祭祀公業は死者の祭祀のための財産という共通性は有するとは言え、実に多様な形で存在しているのであるが、財産の中心が土地であることから、近代法に基づいて一定の法的枠組みを提供することが、実務上不可欠の課題となった。

台湾の伝統的観念は、祭祀公業は享祀者である祖先が所有主体であり、子孫を中心とする派下は単に管理者であり、仮に収益の一部の分配を受けることがあっても、派下には所有権はないというものである。その根拠として、第1に、担保権の設定などの法律行為は享祀者の名義によって行われる慣行があること、第2に、公業は相続対象から除外される財産であるから子孫は公業に対する所有権を取得することがないこと、第3に、通常公業の譲渡は禁じられており、子孫には持分という観念はないことがあげられる。

しかし、このような台湾の伝統的観念に従うと、死者が不動産の所有主体であるということになる。『台湾私法』が「死者ノ人格ヲ認ムルハ支那法ニ於ケル一ノ特質ト見ルヘキモノタリ」と述べているように、それが台湾における通常の考え方であるとしても、日本が採用する近代法の論理には存在しない考え方である。近代法では、人は死亡によって現世に存在する不動産の所有権者ではなくなるからである。

そこで、日本人研究者や実務家によって祭祀公業の法的性質に関する議論が展開されることになった。近代法の論理による説明は、財団であるとするもの、

特殊法律関係であるとするものなどおよそ複数の人間による所有形式のすべてが提唱されたといっても過言ではない。そのうち，有力な見解は共有説，総有説，法人説であった。

　共有説は，祭祀公業は派下の共有財産であり，慣習上，持分の処分あるいは公業の処分や分割に対して制約があるというものである。その根拠とするところは，公業の設定は相続の際にまず家産から公業財産を抽出してこれを行い，その後に均分相続を行うのが通例であることから，公業には家産当時の共同関係が持続されており，しかも管理は享祀者の各男子の卑属からなる各房が輪流して行うのが通例であるので特定の個人に帰属する財産ではないというものである。しかし，家産という考え方自体が日本統治の進展につれて姿を消しつつあること，また，共有の法的性質からすると，派下は持分を有し，分割請求権を有することになるが，祭祀公業にはそのような慣習はないことから，大方の見解は共有説には批判的である。

　総有説は，祭祀公業は派下の総有であるとして，個々の派下の持分を否定する。まず管理については，1898（明治31）年の土地調査規則において祭祀公業については管理人を定めて申告することが求められたことから，あたかも専任管理のような外観を呈するが，実際には派下一同が管理していると解する。処分については，派下全員の同意を必要とするので，公業は派下各人に帰属する財産ではないとする。収益については，各派下がそれぞれ別個に行使することができ，公業から生ずる収益から祭祀費用を除いた残余の分配に預かる権利を他人に譲渡することも可能であるので，収益分配権は各派下に帰属する個人的権利であるとする。もっとも，派下以外の者に譲渡することは慣例上認められない。

　このように見ると，総有説が祭祀公業の実態に最も適合した見解であると考えられるが，しかし，総有であるとすると，公業を処分する場合には，派下全員の合意を必要とすることになり，100年以上も経たような公業では，数世代の卑属が存在しており，派下の員数も数百人に上り，中には所在不明の者もあることから,現実問題として全員の合意を得ることは不可能である。それゆえ，総有説は祭祀公業の法的性質を近代法の概念によって説明するのに最も適切な

ものであることは認めつつも，現実問題としてこれによったのでは祭祀公業の解体は進まないことになるので，裁判所としてはこの見解を採用することはできなかった。

　実務上，採用されたのは法人説であった。これは，祭祀公業を慣習上の人格者と解するものである。法人説の理論化が試みられる前に，登記実務の中で祭祀公業は事実上法人のごとく取り扱われてきた。1898（明治31）年の「台湾土地調査規則施行細則」の申告様式では，公業の土地は公業名及び管理人の住所氏名を記載することとされ，1901（明治34）年の「土地調査規定」で公業については管理人より申告することとされた。公業の名義と管理人の氏名を登記するという手続きは，公業を一個の権利主体と見る見解を背後に有している。近代法上，権利主体となるのは個人又は法人であり，公業が個人財産であり得ない以上は，法人とみなすことになるからである。

　このような措置は祭祀公業の理論研究を前提としてなされたものではなく，便宜的なものではあったが，実務の中でその地歩を固めて行った。1923（大正12）年の内地民法直接適用に先立ち，現地の実情との調整のために1922（大正11）年に制定された勅令第407号では，第15条に，「本令施行ノ際現ニ存スル祭祀公業ハ慣習ニ依リ存続ス，但シ民法施行法第十九条ノ規定ニ準シ之ヲ法人ト為スコトヲ得」と定め，祭祀公業は法人であるとの有権解釈が示された。裁判所においても，1927（昭和2）年の高等法院上告部判決で，祭祀公業は一種の財団であり，それ自体として権利義務の主体であるという見解が示された。

　法人説の論拠は，次のようなものである。第1に，公業財産の主体は享祀者であり，派下は任意の処分はできないという慣習を法的に解すれば，公業財産は派下とは独立した財産であることになる。第2に，慣習的に行われてきた公業に関する取引では公業自体が取引の当事者であり，管理人が代表して取引の任に当たるが，派下は直接当事者として関与することはない。さらに，派下の存在する祭祀公業には派下総会があり，これが最高決議機関としての性格を有し，公業の解散も決議することができる。

　では，法人であるとして，それが民法上のいかなる法人に当たるのか。収益が派下に分配されることはあるが，享祀者の祭祀を主目的とし，収益の分配は

副次的に行われるに過ぎないので，営利法人とは言えず，不特定の第3者のために活動するわけでもないので，公益法人とも言えない。また，派下を有しない場合には財団法人類似のものに見えるが，派下のある場合には社団に類似する。多様な祭祀公業を一種の法人と見ることには無理があり，結局，慣習法上の法人であるという結論にならざるを得ない。

　法人説に対しては，台湾の人々の間には祭祀公業を人格者とする観念は存在しない，あるいは特定の祖先を祭祀するものであって死者一般を祭祀するものではないなど，現実との不一致を指摘する見解がある。しかしながら，誰かが祭祀公業を代表して訴訟当事者となったり，法律行為の当事者とならざるを得ず，あるいは土地整理のために祭祀公業が解体されるときには法人説に従い派下総会の多数決によりこれを解体するのが現実的であるなどの理由から，実務では法人説が利用された。それゆえ，法人説は本来の慣習に一致するものではないが，便宜上のものとして展開されたと言うことができよう。

　ところで，祭祀公業に関する紛争の多くが裁判所に解決を求めた。1911（明治44）年から1920（大正9）年までの10年間だけを見ても，1295件が数えられており，とりわけ南部である台南地方法院では500件，中部である台中地方法院では372件と，台湾中南部に多く見られる。これらの地域が，古くから台湾人の居住した地域であったことと関係しているのではないかと推測される。また，訴訟の原因については，管理人の権限に関するものや，派下の確認を求めるもの，あるいは収益の分配に関するものなど，さまざまである。

　このような紛争の頻発を背景として，たびたび祭祀公業の廃止論が展開されたが，しかし祖先祭祀の永続性を願う心は台湾人のアイデンティティそのものであるとして，台湾人を中心として存続論も展開された。

　臨時台湾旧慣調査会では，台湾の旧慣立法にも手を染め，1911（明治44）年には「台湾祭祀公業令」の審議が法案審査会において行われ，法案として確定された。その第3条に，「祭祀公業ヲ設定スルニハ設定者又ハ其相続人ヨリ台湾総督ノ許可ヲ受クルコトヲ要ス」と規定し，新設については許可制を採用した。また，第5条に，「公業財産ハ総派下ニ属ス」と規定して，個人所有とはなり得ないことを明示したが，その法的性質が合有，総有，法人のいずれであ

るかについては明言を避けた。管理人の権限を原則として保存行為と利用又は改良行為に限定し，紛争の未然防止に努めていたが，しかしその実施を見ることはなかった。

その後，内地延長主義の導入に伴い，先に見たように，1922（大正11）年の勅令第407号第15条に，「本令施行ノ際現ニ存スル祭祀公業ハ慣習ニ依リ存続ス」として存続が認められたが，祭祀公業の新設は禁じられた。その結果，日本統治の終了するまで祭祀公業は廃止されることはなく，同条に「民法施行法第十九条ノ規定ニ準シ之ヲ法人ト為スコトヲ得」と規定して，法人説を採用したので，民法上の法人として実務において取り扱われていった。

祭祀公業の存在を認めるか，それとも紛争の頻発と土地整理の必要からその廃止を目指すかは，祖先祭祀の永続性という台湾人のアイデンティティとの戦いであったので，容易に決することのできない問題であった。勅令407号実施後，内田総督は総督府評議会に対して祭祀公業の取締り方を諮問したが，一定の結論を得るにいたらなかった。1927（昭和2）年，上山総督は再度諮問し，1937（昭和12）年の評議会において答申案が確定された。さらに，1938（昭和13）年には，台北弁護士会の主催により，裁判官，総督府法務課員，総督府評議員，各州・市の議員，日本人及び台湾人の弁護士らが集まって祭祀公業の取り扱いについて議論した。祭祀公業の弊害のゆえにこれを廃止しようとする日本人側の主張と，祖先祭祀の重要性のゆえにその存続を願う台湾人側との意見の対立は最後まで解消されることはなく，日本統治時代を通じて祭祀公業はさまざまな問題を抱えながら存続していった。

第2部　第二次大戦後の台湾法

第1章　党国体制下の政治と法

1　中華民国による台湾接収

　1945（民国34，昭和20）年8月14日，日本はポツダム宣言を受諾し，同年9月2日，東京湾のアメリカ軍艦ミズリー号上において重光葵外務大臣が降伏文書に署名した。この日，GHQは日本に対し，一般命令第1号により，台湾にある日本の陸上，海上，航空及び補助隊は蔣介石総統に降伏すべしとして，台湾の中華民国への返還を命じた。中華民国国民党政権は，すでにその1日前の9月1日に台湾省行政長官公署組織大綱を定め，日本留学経験のある陸軍大将の陳儀を台湾省行政長官兼台湾警備総司令に任じた。そして，10月5日に長官公署秘書長の葛敬恩らの第一陣が台湾に入り，24日には陳儀が台北に着任し，翌25日，台北公会堂において台湾総督兼第10方面軍司令官の安藤利吉大将らの出席の下に受降式典が執り行われた。これにより台湾の主権は中華民国に帰属した。

　中華民国による台湾接収は，日本統治下の行政機構の接収と，日本資産の接収に大別される。まず，行政機構については，9月20日に発布された「台湾省行政長官公署組織大綱」に基づき，中央政府に任命された行政長官により同年11月より接収が進められ，日本統治時代の5州3庁制に代えて，8県9省轄市制が敷かれた。このとき，戦後中国大陸から渡来した人々が行政機構の重要ポストのほとんどを独占した。戦後渡来した人々を外省人と呼んだのに対し，戦前から台湾に居住していた人々は，日本統治時代の本島人という言い方から，本省人と呼ばれるように変わった。

　もうひとつの接収である資産の接収については，行政長官公署の下で公有財産と私有財産の両方について行われた。接収された公有財産は29億円余，私

有財産のうち企業財産は71億円余，個人財産は9億円弱であり，合計110億円ほどであった。1947（民国36，昭和22）年の日本の一般会計予算は2140億円強であったことから見て，国家予算の実に20分の1という巨額の財産が接収されたのである。これらの財産はいったんすべて国有とされた後，零細なものや日本資本との合弁事業のうち台湾資本が過半数を占めるものは民間に払い下げられたが，その他の資産は，国営，国省合営，省営，県営，市営に分けられた。公営資産の管理は，先に見たように行政機構の重要ポストを占める外省人によって担われ，しかも国レベルから地方行政機構にいたるまで，唯一の政党である国民党が支配したのであるから，ここに党国資本主義と呼ばれる戦後台湾独特の経済体制ができ上がっていく素地が作られた。

党国体制は，蔣介石の渡台以降，反国民党の言論を封じることによっていっそう強固なものとなっていった。1949（民国38，昭和24）年，国共内紛に終止符が打たれ，これに勝利した中国共産党が中華人民共和国の建国を宣言すると，敗れた中国国民党は台湾に逃れてきた。蔣介石は，台湾で中華民国総統に就任すると，1949（民国38，昭和24）年に戒厳令を布告し，これを利用することによって，法治主義とは名ばかりの中華民国を作り上げていった。このような状態に，本省人は大きな失望を感じた。せっかく支配者であった日本人が去り，同一民族の漢族が彼らを救済に来たと思ったのも，つかの間のことであった。

その前兆は，台湾を接収に来た中華民国軍のありようにすでに表れていた。接収責任者である陳儀の到着に先立って台湾の土を踏んだ中華民国軍は，およそ軍隊とは言えないような様相を呈していた。1945（民国34，昭和20）年10月17日，アメリカ第7艦隊の護衛を受けた中華民国第62軍と第70軍の兵士約1万2000人と官吏200人ほどが台湾北部の基隆港に上陸し，台北に向かって行軍した。祖国の兵隊の到着は台湾人に歓迎されるはずであった。しかし，基隆港に上陸した国民党軍の兵士を目にした台湾人はその姿に驚いた。軍隊と言えば規律正しいものと思っていたのに，国民党軍のそれはおよそ軍隊とは呼べないありようで，中には鍋釜を背負い，軍靴も履かず，はだしの兵士までいたのである。略奪や婦女暴行が随所で展開され，同一民族の漢族に対する期待は一挙に消え失せた。他方，台湾からは中国大陸で国共内紛の渦中にある中華民国

軍に対し食糧支援が行われたこともあって，猛烈な勢いでインフレが進行し，本省人の生活は困窮を極めるようになり，民衆の不満が鬱積していった。

　このような状況の中で起こったのが，2・28事件である。1947（民国36，昭和22）年2月27日夜，台北市内のかつて丸公園と呼ばれた円環から西へ200メートルほどのところでやみ煙草を販売していた老女が中華民国の摘発隊員に小突かれ，これに反発した通行人らが摘発隊員を取り囲むと，摘発隊員が逃げながら発砲し市民1人が即死した。翌28日，これに憤慨した民衆が専売局台北分局に押しかけ，午後には長官公署を取り囲み，事態が行政の改善要求へと発展したところ，憲兵隊が民衆に向けて銃を乱射して多数の本省人を殺傷するにいたり騒ぎは急拡大した。ラジオ局を占拠した民衆は，この事件を台湾全土に放送したことから，2・28事件は瞬く間に台湾全土に波及した。その結果，台湾の各地で国民党軍による本省人知識人らの殺戮が繰り広げられた。一説に，3万人とも5万人とも言われる人々が犠牲になった。ここに，本省人と外省人との対立が生まれ，その後長い間台湾社会を理解する上で暗黙の前提となっているのである。

2　中華民国憲法の制定

　以上に略述したように，本省人の弾圧の中で中華民国による台湾統治が開始されたが，中華民国は，すでに大陸において憲法を定めた立憲国家であった。1928（民国17，昭和3）年，蒋介石による北伐が終わり南京に首都が置かれると，「訓政綱領」を定め，1931（民国20，昭和6）年には国民会議を開催して「中華民国訓政時期約法」を採択し，政府組織，人民の権利等について基本原則を定めた。1933（民国22，昭和8）年には，憲法起草委員会が設置され，1936（民国25，昭和11）年5月5日「五五憲草」を公布した。そこには，孫文の理論である五権分立が採用されていた。すなわち，国家権力を行政，立法，司法の三権のほかに，考試，監察を加えて五権とし，国民大会に対して責任を負うというものである。しかし，1937（民国26，昭和12）年から日中戦争が激化したために，憲法制定にはいたらなかった。戦争終結直後の1945（民国34，昭和20）年10

月10日，国民大会が召集されたが，党派の争いの結果憲法を制定するにはいたらなかった。翌1946（民国35，昭和21）年1月10日，政治協商会議が開催され，五権分立，基本的人権，総統制の採用などを内容とする「修憲十二原則」が示された。続いて3月16日，国民党二中全会において「対修改憲草原則之決議」が採択され，11月12日に「中華民国憲法草案」が完成した。11月15日に国民大会が召集され，国民党と青年党，民社党の激論の末，12月25日，「中華民国憲法」が制定された。そして，1947（民国36，昭和22）年1月1日に公布され，制定の1年後の1947（民国36，昭和22）年12月25日より施行された。このようにして，中国大陸において，中華民国は憲法を有する国家となったのである。

3　戒厳令と動員戡乱時期臨時条款

憲法は制定されはしたが，中国大陸においては，共産党と国民党の主導権争いが内乱に発展し，国民党は共産党勢力の制圧を目指して軍事活動を展開した。しかし憲法を基本法としていたのでは共産党勢力の制圧が不十分であることから，平時の国家秩序である憲法を修正して戦時体制をとる必要が生じた。そこで，国民党政府は憲法修正のための第1回国民大会を開催し，1948（民国37，昭和23）年5月10日，2年間を限度として事実上憲法の諸制度を中止する「動員戡乱時期臨時条款」を公布した。動員とは国家総動員のことであり，戡乱とは反共産主義のことである。

その主要な内容は，後に詳しく見るように，動員戡乱時期においては，総統は国家や人民が緊急の危難に遭遇することを避けるため，又は財政経済上の重大な変動に対応するために，憲法上必要とされる手続きに拘束されることなく行政院の決議を経て緊急処分を為すことができるというものである。換言すれば，憲法が総統の権限に対して加えた制限を解除し，総統に絶対的権限を付与するものである。

他方，台湾においては，行政長官陳儀は，2・28事件を台湾における共産党分子の反乱であるとして大陸の蒋介石に援軍の派遣を要請した。蒋介石は2個

師団を派遣して事件の処理に充てたが，この軍隊は本省人に対する掠奪や殺戮をほしいままにし，結果的にこれが本省人と外省人の対立に拍車をかけることとなった。台湾における混乱を知った国民政府は1947（民国36，昭和22）年4月22日，陳儀を免職して，行政長官公署を撤廃し，台湾を中華民国の1つの省として位置づけ，外交官である魏道明を台湾省主席に任命した。魏道明は本省人の懐柔に努めたが，中国大陸での戦局で国民党勢力の敗色が濃厚になってきたことから，1948（民国37，昭和23）年12月29日に魏道明を解任し，軍人の陳誠が台湾省主席に任じられた。1949（民国38，昭和24）年1月16日には陳誠が台湾省警備総司令を兼任し，行政と軍事の最高責任者を兼ねるようになり，国民政府の台湾撤退への準備態勢がとられるようになった。中国大陸での戦線が共産党の優位に進展し，1949（民国38，昭和24）年1月23日には北京が共産党の支配下に置かれるようになると，国民政府の台湾撤退は焦眉の急となり，その整然とした受け入れのために，陳誠の率いる台湾省警備総司令部は1949（民国38，昭和24）年5月19日，台湾全土に「戒厳令」を布告し，翌日から施行した。「戒厳令」は，1934（民国23，昭和9）年に中国大陸において公布施行されたことがあるが，日中戦争のために実効性はなかった。1948（民国37，昭和23）年12月10日，蒋介石は「動員戡乱時期臨時条款」に基づいて台湾，新疆，西蔵を除く中国全土に戒厳を実施したが，1949（民国38，昭和24）年1月24日に中華民国総統李宗仁により解除されていた。このように，中国大陸では戒厳が解除されたにもかかわらず，台湾では新たに戒厳が実施されたのである。台湾の「戒厳令」は，1950（民国39，昭和25）年3月14日に立法院の追認を受け，合法化されていった。

「戒厳令」の主な内容は，次の通りである。第1に，基隆，高雄では夜間外出の禁止，第2に，集会，サボタージュ，旅行，請願並びに武器の携帯の禁止，第3に，台湾居民は在宅中であるか外出中であるかを問わず身分証を携帯しなければならず，そうでなければ逮捕される，第4に，意図的に治安を擾乱したり，民衆を惑わしたり，あるいは暴動，金融の擾乱，強盗又は財物を強奪するなどの行為は，法により死刑に処するという厳格なものである。これにより，集会，結社は禁じられ，新たな政党の結成も禁じられた。

中国大陸では，北京に続き南京放棄，上海陥落と国民政府軍の敗退は決定的となり，蒋介石国民党総裁は7月24日，台湾の対岸のアモイから台湾に逃れてきた。中国共産党は，10月1日，北京の天安門で中華人民共和国の建国宣言を行い，これより中華民国は事実上台湾とその附属島嶼を実効支配するだけになった。

蒋介石の率いる国民党総裁弁公庁は，12月7日，中華民国政府は台北に臨時首都を定めたことを宣言し，翌1950（民国39, 昭和25）年3月1日，蒋介石が中華民国総統に復帰し，台湾統治の頂点に君臨するようになった。蒋介石は，中国大陸から国民党軍を率いてきただけでなく，中華民国が中国大陸に存在していたときに作り上げた法体制をも持ち込んだ。すなわち，制定されたが事実上効力を停止されている「中華民国憲法」と，その効力を停止するにいたった「動員戡乱時期臨時条款」を台湾に持ち込んだのである。ここに，日本撤退後の戦後の台湾では，「戒厳令」と「動員戡乱時期臨時条款」という二重の担保を手にしたことによって蒋介石総統の独占的権力支配が正当化されていったのである。

「動員戡乱時期臨時条款」は，制定時には2年間という時限が限定されていたが，2年が経過した1950（民国39, 昭和25）年に自動的に延長された。1954（民国43, 昭和29）年の第1回国民大会第2次会議においては，「動員戡乱時期臨時条款」はいまだ正式に廃止されておらず，引き続き有効であるという決議を行って，その存続を正当化した。1960（民国49, 昭和35）年の国民大会において，「動員戡乱時期臨時条款」の修正が行われ，総統，副総統の再選を一度限りとする憲法上の制限を撤廃し，蒋介石が連続して3期目の総統に就任する道を開いた。1966（民国55, 昭和41）年には2度にわたる修正が行われ，憲法に超絶する総統の権限が，大陸反攻という国民党政権を正当化する政治スローガンの下で，憲法ではない法令によって担保された。

「動員戡乱時期臨時条款」の主な内容は，次の通りである。

  1 総統は，動員戡乱時期において，国家あるいは国民が緊急の危難に遭遇するのを避けるため，あるいは財政経済上の重大な変動に対応するため，憲法第39条

又は第40条の規定する手続きの制限を受けず，行政院会議の決議によって緊急処分をなすことができる。

　憲法第39条は，総統の戒厳令布告権について記した条項であり，戒厳令布告については立法院の通過あるいは追認を受けることを求めている。戒厳令は緊急時に発布される性格のものであることから，総統の単独の意思による発布権を認めながらも，立法権による制約をも要求しているのであるが，本条款により，立法権の介在を許さず，総統の指名に基づく行政権による同意のみで足りるとした。また，憲法第40条は，総統は法に従って大赦，特赦，減刑及び復権に関する権限を行使できるとする条項であるが，本条款により，法に従わずにこれらの権限を行使できることとなった。総統の権限を法の上に置くという趣旨の条款であり，とくに政治的復権について総統の権限の拡大が許容されることとなった。

　　2　前項の緊急処分について，立法院は憲法第57条第2号の規定する手続きに基づいて，変更又は廃止することができる。

　憲法第57条第2項は，立法院の権限を定めたものであり，「立法院は行政院の重要政策に不賛同の場合，決議によって行政院に変更を求めることができる。行政院は立法院の決議に不服の場合，総統の認可を得て，立法院に差し戻すことができる。差し戻された後出席立法委員の3分の2以上で原案を可決した場合，行政院長は受理又は辞職しなければならない」と規定している。要するに本条は，立法院による総統及び行政院長に対する制約を記した条項であるが，現実には「戒厳令」によって新たな政党の結成が禁じられているので，国民党の一党独裁下においては総統の政治的決定を立法院が覆すということはあり得なかった。したがって，本条款は形式的に憲法の定める立法院による総統の権限に対する制約を確認したに過ぎない。

　　3　動員戡乱時期においては，総統，副総統は憲法第47条の再任を一度とする制限を受けず，再選再任できる。

憲法第47条は，総統の任期に関する規定であり，正副総統の任期は6年（現在は4年）とし，再選再任は一度だけ可能であると定める。この規定を本条款によって凍結したことによって蒋介石の長期政権が可能になったのである。実際，蒋介石は第5代総統として1975（民国64，昭和50）年に死去するまでその職にとどまった。

> 4　動員戡乱時期においては，本憲政体制は動員戡乱機構の設置，動員戡乱に関する大政方針の決定並びに戦地任務処理の権限を総統に付与する。

本条款により，中国大陸の共産党政権との関係について総統の独占的判断に委ねられ，さらに総統の軍事機構に対する統制権が認められ，後に述べるようなさまざまな立法措置が総統の権限の下で行われるようになった。

> 5　総統は動員戡乱時期の必要に応じ，中央政府の行政機構及び人事機構を調整し，かつ選挙によって選出された中央の公職人員について，人口の増加又は故意の出欠を理由として，自由地区及び光復地区の増員選挙又は補欠選挙を弁法（行政命令）を頒布して実施することができる。
> 6　動員戡乱時期においては，国民大会は憲法第27条第2項の制限を受けることなく，弁法を定め，中央の法律原則を定め，中央の法律を複決することができる。

憲法第27条は，国民大会の権限を規定したものであり，第1項に国民大会による総統罷免権を定め，第2項に憲法修正と立法院による修正案の複決権が国民会議にあることを定めている。

> 7　戡乱時期においては，総統は法律原則案又は複決案について，必要なときは国民大会臨時会を召集して討論することができる。
> 8　国民大会の閉会期間において，研究機構を設置し，憲政に関する問題を検討する。
> 9　動員戡乱時期の終結は，総統が宣告する。
> 10　臨時条款の修正又は廃止は，国民大会が決定する。

このように，総統の権限の絶対化を図ることによって，逆に台湾住民の憲法上認められているはずの権利は制約を受けることになったのである。

4　戒厳令と動員戡乱時期臨時条款下の法制度

　戒厳令下においては，同法第 11 条により戒厳地域内の司令官に，集会や新聞雑誌の発行停止，宗教活動の禁止，さらには必要なときには人民の不動産の破壊が認められたので，台湾省警備総司令部，台湾省保安司令部，国防部は，本規定に基づき行政命令の形をとって人民の基本的権利と自由に対して制限を加え，あるいはこれを剥奪していった。これらの機関が発布した行政命令には次の 13 件がある。

1. 「台湾省戒厳時期防止非法集会，結社，遊行，請願，罷工，罷市，罷業等規定実施弁法」1949（民国 38, 昭和 24）年 5 月 27 日，台湾省警備総司令部制定。
2. 「台湾省戒厳期間新聞紙雑誌図書管制弁法」1949（民国 38, 昭和 24）年 5 月 2 日，台湾省警備総司令部制定。
3. 「台湾省戒厳時期無線電台管制弁法」1949（民国 38, 昭和 24）年 7 月 28 日，台湾省警備総司令部公布。
4. 「台湾省戒厳時期無線電器材管制弁法」1949（民国 38, 昭和 24）年 7 月 28 日，台湾省警備総司令部公布。
5. 「戒厳時期船舶電台航行電信観察条例」1950（民国 39, 昭和 25）年 5 月 1 日，台湾省保安司令部公布。
6. 「台湾省戒厳時期民用電訊検査実施弁法」1950（民国 39, 昭和 25）年 6 月 17 日，台湾省保安司令部公布。
7. 「台湾省戒厳時期広播収音機管制弁法」1952（民国 41, 昭和 27）年 1 月 1 日，台湾省保安司令部公布。
8. 「台湾省戒厳時期戸口臨時検査実施弁法」1952（民国 41, 昭和 27）年 5 月 10 日，台湾省保安司令部制定。
9. 「台湾省戒厳時期郵電検査実施弁法」1952（民国 41, 昭和 27）年 6 月 5 日，国防部公布。
10. 「台湾省戒厳時期民用航空電訊及電訊人員管制暫行弁法」1954（民国 43, 昭和 29）年 2 月 16 日，行政院公布。
11. 「台湾省戒厳時期取締流氓弁法」1955（民国 44, 昭和 30）年 10 月 24 日，行政

院公布。
12 「戒厳時期台湾省国際港口登輪管制弁法」1959（民国48, 昭和34）年2月6日, 台湾省警備総司令部公布。
13 「戒厳時期台湾地区各級機関及人民申請進出海岸及重要軍事施設地区弁法」1968（民国57, 昭和43）年7月15日, 国防部発布。

　以上に列挙した行政命令の名称からも分かるように, 郵便, 電話などの通信手段, 新聞雑誌などの思想表明手段に制約が加えられた。憲法上は人身の自由が保障されているとは言え, このような行政命令によって逮捕や処罰が加えられたのである。典型的なのは, 1955（民国44, 昭和30）年の「台湾省戒厳時期取締流氓弁法」である。1961（民国50, 昭和36）年に, 監察院は本行政命令は違憲違法であるとして, 行政院に対して修正を求めた。しかし行政院は何の措置も講じず, 1985（民国74, 昭和60）年7月19日にようやくこれを修正して, 「動員戡乱時期検粛流氓条例」として公布した。

　次に, 動員戡乱法制について見ていこう。動員とは, 先にも述べたように国家総動員法のことである。中華民国における「国家総動員法」は, 抗日戦争の必要から中国大陸において1942（民国31, 昭和17）年3月29日に公布, 同年5月5日より施行された。1945（民国34, 昭和20）年の終戦により国家総動員法の目的は達成されたはずであるが, 中華民国はこの法律を廃止することなく台湾に持ち込んだ。本法の授権により行政院は, 1951（民国40, 昭和26）年4月9日の「禁止外幣, 黄金自由買売的有関金融措施弁法」, 1952（民国41, 昭和27）年5月21日の「取締地下銭荘弁法」など, 金融と経済の取締りに関する多数の法規命令を発布した。行政院がこのような措置をとることができたのは, 1947（民国36, 昭和22）年7月19日に公布された「動員戡乱完成憲政実施綱領」に行政院は国家総動員法に依拠して随時必要な命令を発することができると明示されているからであり, 台湾においては, 1951（民国40, 昭和26）年12月7日に, 「戡乱時期依国家総動員法頒発法規命令弁法」を発布し,「現在は動員戡乱時期であり, 国家総動員法の規定により政府は必要なときに国家総動員法に基づき命令を発し, 法規を制定して, 人力, 物力を集中し, 人民の権利の一部に制限を加えることができるのであって, 憲法の規定の拘束を受けることはな

い」と定めたからである。

　戡乱時期の名称を付した法令には，1950（民国39，昭和25）年6月13日公布の「戡乱時期検粛匪諜条例」，1954（民国43，昭和29）年8月23日公布の「戡乱時期監所人犯処理条例」，1963（民国52，昭和38）年7月15日公布の「戡乱時期貪汚治罪条例」などがあるが，「戡乱時期検粛匪諜条例」と1959（民国48，昭和34）年8月13日公布の「戡乱時期軍人婚姻条例」以外は，共産主義勢力の鎮圧という戡乱の目的とは無関係の条例であった。

　動員戡乱時期の弾圧法令として大きな威力を発揮したのが，「懲治叛乱条例」である。本条例の前身は，憲法施行日の1947（民国36，昭和22）年12月25日に公布施行された，「戡乱時期危害国家緊急治罪条例」であるが，共産党との協議により1949（民国38，昭和24）年3月20日に廃止されていた。しかし，国共の協議が破綻したために，1949（民国38，昭和24）年6月21日に，「懲治叛乱条例」として公布された。

　本条例には，その厳酷性のゆえに人々に恐れられ，実際に多数の冤罪を作り上げ，白色テロの犠牲者を葬り去った条項がある。「刑法第100条第1項……の罪を犯した者は，死刑に処する」と規定した第2条第1項がそれである。刑法第100条第1項は，「団体を破壊し，国土を侵犯し，又は非法の方法で国憲を変更し，政府を転覆する意図を有し，これに着手した者は，7年以上の有期徒刑に処する。首謀者は，無期徒刑に処する」という規定であり，死刑は規定されていないが，本条例により死刑が科せられることとなったのである。

　戒厳令下においては，司法についても平時と異なる取り扱いが行われた。「戒厳法」第7条には，「台湾の司法事務は，台湾の最高司令官の管掌に移し，司法官は最高司令官の指揮を受けるものとする」と規定されているが，一般人民の民事，刑事に関する訴訟は普通裁判所において処理された。しかし，高等法院と地方法院は行政機関である行政院の司法行政部に属することとされ，行政の一部門として位置づけられた。ここにおいても，憲法の掲げる権力分立は有名無実のものとなっていた。また，憲法第9条には一般人民は軍事審判を受けることがないことが明記されているが，「戒厳法」第8条に，「一般人民は，普通刑法の内乱罪，外患罪，秩序妨害罪，公共危険罪，貨幣偽造罪……及び特別

刑法に触犯する罪を犯したときは，軍事機関は自ら審判し，又は普通法院の審判に付することができる」と規定し，一般人民の犯罪も軍事法廷で処理された。とくに，1949（民国38，昭和24）年6月21日に共産党に打撃を与えることを目的として公布された「懲治叛乱条例」に触犯する政治犯はすべて軍事法廷秘密審判処で処理された。38年の長きにわたる戒厳令下において，軍事法廷で処理された現役軍人以外の者の事件は，2万9000件以上に上った。

司法組織については，憲法第77条に，「司法院は国家の最高司法機関であり，民事，刑事，行政訴訟の審判及び公務員の懲戒を管掌する」と明記されているにもかかわらず，実際には，司法院の下に置かれた各級の法院が民事，刑事の審判を管掌し，同様に，行政法院が行政訴訟を，公務員懲戒委員会が公務員の懲戒を，そして大法官会議が憲法解釈と法解釈の統一を管掌した。それゆえ，司法院は裁判機関ではなく，司法行政機関となっていたのである。

以上に概観したように，台湾の戦後体制は「戒厳令」と「動員戡乱時期臨時条款」によって武装された国民党一党独裁によって展開された。そこでは，経済的自立と豊かさの追求に人民の目を向けさせ，東アジア経済の牽引車の1つとなっていくための政策が展開されたが，他方において人民はさまざまな形で国民党の権威主義支配の打倒，台湾の民主化，さらには台湾の独立を求める行動を起こしていった。それは，反面から見れば国民党による弾圧の歴史でもあった。

5　民主化要求と弾圧

「動員戡乱時期臨時条款」による総統の強大な権力の下に国民党による権威主義支配が持続すると，台湾のとりわけ本省人たちは政治的に抑圧を受ける状態を余儀なくされた。思想はもとより反国民党的な言論にいたるまで，自由な意思発表は厳禁であった。それを取り締まったのが，特務と呼ばれる組織である。特務は蔣介石の子 蔣経国によって率いられており，白いヘルメットをかぶって反国民党的な思想を有する人々を取り締まったことから，白色テロとも呼ばれた。常に特務の眼を気にしながらの生活は，台湾の本省人たちにとって

は,「格子なき牢獄」以外の何ものでもなかった。この時期の思想弾圧事件として今日に語り継がれるいくつかの事件を見てみよう。

まず最初に,雷震(らいしん)事件である。雷震は,戦前に日本の大学を卒業した外省人であるが,蔣介石と対立し,1949（民国 38,昭和 24）年に「自由中国」という雑誌を創刊し,蔣介石の独裁政権を批判するとともに,大陸反攻の無謀なことを主張した。これには多数の本省人も賛同し,反国民党政党である中国民主党の結成の動きが生じたが,1960（民国 49,昭和 35）年に逮捕され,10 年の懲役を言い渡されたために雑誌は廃刊となり,運動は潰えてしまった。この事件は,本省人ではなく外省人が主役となった点で,台湾の現代政治史上大きな意味を持つ事件であった。しかし,政治運動の大部分は抑圧を余儀なくされた本省人によるものであった。その 1 つが彭明敏事件である。現職の台湾大学教授である彭明敏(ほうめいびん)は現実重視の立場から,国際社会には 1 つの中国と 1 つの台湾が存在するという事実を認めようと主張し,1964（民国 53,昭和 39）年,「台湾人民自救宣言」を印刷し,配布しようとしたところを逮捕された。彭明敏にはアメリカに多くの友人がいたことから,この事件は国際社会において台湾の人権弾圧として問題視されるようになり,入獄していた彭明敏は翌年特赦により釈放された。しかし,台湾にいたのでは自由な言論が封じられることを身をもって知ったことから,彭明敏は海外に亡命した。ちなみに,1992（民国 81,平成 4）年に亡命生活から帰国した彭明敏は 1996（民国 85,平成 8）年の総統選挙に民進党公認候補として立候補したが,国民党から立候補した李登輝(りとうき)に敗れた。

1961（民国 50,昭和 36）年に逮捕が行われた蘇東啓(そとうけい)事件,1962（民国 51,昭和 37）年に逮捕が行われた廖文毅(りょうぶんき)事件,1968（民国 57,昭和 43）年に逮捕が行われた林水泉(りんすいせん)事件など,国民党政権を批判したり,台湾独立を唱えたりして逮捕され,長期にわたる投獄を余儀なくされた事件は枚挙に暇がないほどである。そのような幾多の弾圧事件を乗り越えながら,現代の複数政党による民主主義国家へと脱皮する大きな契機となったのが,1979（民国 68,昭和 54）年に台湾南部の高雄において起こった美麗島(びれいとう)事件,別名高雄事件である。

1971（民国 60,昭和 46）年の国連脱退,1972（民国 61,昭和 47）年の日華平和条約破棄による日本との国交断絶,さらにはこのような中華民国の国際的地位

の低下に反比例するかのような中華人民共和国の国際社会における地位向上という政治状況の中で，国際社会における台湾の位置づけをめぐって，もはや国民党では台湾の尊厳を維持することは不可能であるという認識が有識者の間に広がっていった。依然として渡台直後から蔣介石の掲げてきた大陸反攻政策を維持し，中華民国こそが中国を代表する唯一の政権であるという欺瞞の国際観を提示して政権を維持していく国民党は，もはや台湾人民の生命，財産を守る力を欠くようにすら思われるようになっていた。台湾の再生を図るには，民主化が必然であり，そのためには戒厳体制の打倒が必須のものとなってきた。1977（民国66，昭和52）年には，民主化要求と戒厳令解除の声が公然と上がった中壢（ちゅうれき）事件が起こったが，これが反体制の大衆運動にまで発展したのが美麗島事件であると言ってよいであろう。

　1975（民国64，昭和50）年の蔣介石の死去の後，1978（民国67，昭和53）年に総統となった蔣経国の政権では，謝東閔（しゃとうびん）が本省人として初の副総統に当選し，やはり本省人の李登輝が台北市長になるなど外省人による独裁的政治運営の影を薄めつつあった。そのような中で，立法委員と国民大会代表の部分的選挙が行われる予定であったが，1979（民国68，昭和54）年1月1日を期してアメリカと中華人民共和国が国交を樹立し，これに伴ってアメリカと中華民国が国交を断絶することが予告されたことから，混乱を回避するために選挙の中止が決定された。選挙において民主化勢力を結集しようとしていた人々は，雑誌「美麗島」を発行して，自由な政治的言論を展開した。美麗島というのは，イッラ・フォルモサの中国語訳であり，麗（うるわし）の島台湾を意味する言葉である。政府批判の内容が一般大衆に受け入れられ，戒厳令の解除，政党結社禁止の解除，新聞の創刊禁止と報道統制の解除，万年国会の全面的改選といった政治的スローガンが大衆の支持を集めた。万年国会というのは国民大会のことであり，中国大陸全体を支配するのが中華民国であり，したがって国民大会代表は全中国から選出されなければならないという虚構の論理によって成り立っている。なぜなら，中華民国は実際には台湾とその付属島嶼しか領有していないのであるから，中国大陸で代表の選出選挙を行うことができない以上は，外省人として中国大陸から渡来した人々を自動的に中国各地域の代表とみなすしか方法がないからで

ある。このようにして，万年議員，すなわち中国各地域の代表として選出される議員の顔ぶれがまったく変わらないという現象が生じた。

「美麗島」は，1979（民国68，昭和54）年末，国際人権デーに合わせて高雄でデモ行進を企画した。主催者側では穏健なデモを企画していたが，一般大衆の国民党に対する不満が噴出し，暴力デモへと発展していった。警察側は無抵抗を貫き，多くの警官が負傷したが，デモ隊側は負傷者が1人も出なかった。何事もなく済むかと思われたのもつかの間，デモ行進の2日後，一斉捜査が始まり，軍事法廷で叛乱罪を適用した裁判が始まり，施明徳，黄信介，林義雄，呂秀蓮ら，その後の台湾政治をリードすることになる言論人たちが実刑を言い渡された。

この事件の後も白色テロはとどまるところを知らず，林義雄の台北市内の自宅では，当局の厳重な監視下に置かれていたにもかかわらず，母親と6歳の双子の娘が何者かに殺害された。当局監視下で起こった事件に人々は驚きを禁じ得ないと同時に，当局と国務組織との密接な関係も今日にいたるまで疑われている。真相は，依然として闇の中である。

美麗島事件が契機となって，台湾における民主化要求は国民党以外の政党を結成し，公然と議会において民主化を要求する運動へと変化していった。アメリカのワシントンにおいてケネディ上院議員らが台湾民主化促進委員会を結成し，戒厳令の解除を求めるなど，アメリカから台湾の民主化に向けて圧力をかけていった。そのような外的環境の中，1986（民国75，昭和61）年9月28日，最大の野党となる民進党が結成された。まだ「戒厳令」が効力を有していたので，これは公然たる反政府運動であった。その2か月後，立法委員と国民代表選挙が行われ，民進党は不法組織の状態で候補者を擁立し，19人中12人の当選を果たした。もはや台湾における民主化要求はこれを押しとどめることができないことを象徴的に示す出来事であった。蒋経国は1986（民国75，昭和61）年4月に国民党中央常務委員会に「戒厳令」の存廃についての検討を指示し，翌1987（民国76，昭和62）年7月15日より38年間の長きにわたって台湾社会を牢獄の中に閉じ込めてきた「戒厳令」を解除した。そして1991（民国80，平成3）年5月1日に「動員戡乱時期臨時条款」も廃止された。

6　行政機構の矛盾

　台湾に逃れてきた蒋介石の掲げた「一年準備，二年反攻，三年掃討，五年成功」という大陸反攻政策のスローガンは，大陸に不法集団として存在している共産党を数年のうちに壊滅させ，国民党による全中国支配を回復するというものであった。中華民国こそが中国大陸全体を支配する正当な政権であり，中国大陸に存在している共産党の中華人民共和国は反乱分子が作り上げた虚構の国家であるという論理から，反乱分子を一掃することが中華民国の最大の政治課題とされたのである。このような政治課題の下においては，台湾は中華民国が支配する中国大陸全体の中の台湾省という1つの省でしかないということになる。ところが，実際には中華民国が実効支配しているのは台湾及福建省の一部である金門島（福建省金門県）と馬祖島（福建省連江県）だけである。そこに，行政機構の矛盾が生じた。

　まず，中華民国全体の行政機構が中国大陸に中華民国が存在していたときのまま持ち込まれた。中央には，立法院，行政院，司法院，考試院，監察院の5権を分掌する部門が置かれ，さらに行政院の下に8部2会と称された部門が設置された。すなわち，国内行政を管掌する内政部，外交を管掌する外交部，財政を管掌する財政部，経済政策を管掌する経済部，運輸政策を管掌する交通部，防衛を管掌する国防部，教育を管掌する教育部，本来法務行政を管掌する法務部の8部と，世界中の華僑を管掌する僑務委員会及びモンゴルとチベットを管掌する蒙蔵委員会の2会がそれである。これらの機関は，中華民国の領土とされた中国大陸全体を管掌対象とすることとされた。

　他方，地方行政機構は，行政長官公署により日本統治時代末期の地方行政機構である5州3庁制（台北，新竹，台中，台南，高雄の各州と台東，花蓮港，澎湖の各庁）の接収が行われ，8県9省轄市に切り替えられていたが，1950（民国39，昭和25）年に行政院が「台湾省各県市地方自治実施要綱」及び「台湾省各県市行政区域調整方案」を通過させ，16県5省轄市制が敷かれた。すなわち，中央では，中華民国行政院の下に台湾省，福建省の2省と直轄市として台北市と

高雄市が置かれ，台湾省の下に，台北県，宜蘭県，桃園県，新竹県，苗栗県，台中県，彰化県，南投県，雲林県，嘉義県，台南県，高雄県，屏東県，台東県，花蓮県，澎湖県の16県と，基隆市，新竹市，台中市，嘉義市，台南市の省轄市が置かれた。

なお，福建省とは言っても，先に見たように実際に支配権が及んでいるのは，金門島の金門県と馬祖島の連江県だけである。したがって，台湾島に限って言えば，中華民国中央の下に台北市，高雄市と台湾省が並存し，台湾省が台北市と高雄市を除く台湾の各地方を管轄するという構造が生まれた。しかも，台湾省には，8部2会のうち，外交，国防，法務と2会を除く5部とほぼ同じ業務を管掌する機関が設けられた。ここに行政の二重構造が生じ，狭い地域の中にあって，行政機構だけは大中国を支配するための構造が採用されるという矛盾が生まれたのである。

第2章 台湾経済の発展と戒厳令解除後の法

1 戦後の台湾経済

　1987（民国76，昭和62）年に戒厳令が解除されてから，台湾は民主化を進めるために憲法を改正し，また経済面の必要性から中国大陸の共産党政権との交流を進めるようになってきた。民主化要求は前章で見たように，国民党一党支配による弾圧を受けつつも進められていったが，それは経済的に豊かになってきた台湾人民の支持があったからこそなし得たことでもあった。戦後，中華民国国民党政権は一党独裁に対する台湾人民，とりわけ本省人の不満を経済的豊かさの追求によってかわそうとしてきたと言っても決して過言ではない。

　中華民国の台湾遷都に伴って200万人とも言われる外省人が台湾に流れ込んできた。日本統治末期におよそ600万人に達していた台湾の人口が一挙にその3分の1も増加したのである。当然のことながら発生した食糧難を解決するために，国民党政権は農地改革に着手した。1948（民国37，昭和23）年7月，「収購大中戸余糧」政策を実施し，10甲以上の土地を所有する大地主に対し，余剰米の強制支出を命じた。翌年には「三七五減租」を実施し，小作料を37.5パーセントに軽減した。さらに1951（民国40，昭和26）年には「公地放領」を行い，日本人から接収した土地の一部を小作人に払い下げ，1953（民国42，昭和28）年には「耕者有其田」政策により一定面積以上の土地を所有している地主から強制的に買い上げを行って小作人に払い下げた。このように強権政治の下で実施された農地改革の結果，1962（民国51，昭和37）年には人口の50パーセントを農民が占め，輸出の80パーセントを農産物と加工品が占めるようになった。

　自国経済の基盤である農業の近代化によって基礎的資本の蓄積に成功した台湾であるが，一方において東アジアをめぐる国際情勢と無縁ではあり得なかっ

た。1950（民国39，昭和25）年に朝鮮戦争が起こり，共産主義陣営と自由主義陣営との対立が表面化してくると，アメリカは台湾を自由主義陣営に囲い込むために，中国大陸の共産党政権抜きで中華民国の蒋介石政権との間で米華平和条約を締結した。これにより，中国共産党との間の軍事対立に事実上アメリカが割り込むことになった。実際，1958（民国47，昭和33）年，中国共産党軍と台湾の中華民国軍が金門島の争奪をかけて交戦したとき，アメリカは第7艦隊を派遣し，牽制活動を行っている。

　このように，東西冷戦の戦後国際政治の下で台湾が西側陣営に属したことにより，その後の台湾の経済復興は，アメリカ，そして日本の支援を受けて進められた。アメリカは1951（民国40，昭和26）年から15年間台湾に対して直接援助を行い，さらにその後も1968（民国57，昭和43）年まで余剰物資の援助を行った。この援助を基に進められたのが経済建設4か年計画である。1952（民国41，昭和27）年に始まるこの計画により，労働集約型産業である繊維，セメント，肥料，ガラスなどの産業の育成が図られ，いわゆる第1次工業化が進められ，農業国から工業国への助走が始まった。1961（民国50，昭和36）年から始まる第2次工業化では，輸出用工業製品生産の育成，鉄鋼などの重工業の育成が図られ，本格的な工業国家への脱皮が進んでいった。これを支えたのが外資導入であり，またアメリカの援助打ち切り後の1965（民国54，昭和40）年に行われた円借款を通じた日本の経済援助であった。すでに1963（民国52，昭和38）年に外資受け入れのための準備を終えていたことから，円借款の導入に伴って日本企業も多数台湾に進出した。日本からは，家電，医薬品，繊維などほぼあらゆる分野の企業が台湾に進出し，その製品を台湾市場で販売するだけでなく，輸出用にまで拡大していった。

　経済建設4か年計画は第6期まで行われたが，第6期は中途で打ち切られ，1973（民国62，昭和48）年に新たに十大建設が計画された。これは，空港，高速道路，鉄道，電力など経済の基盤整備を目的としたものであった。台湾全土を対象とする大型の公共事業により，地方経済も活況を呈するようになった。このような経済の持続的成長を目指して，1978（民国67，昭和53）年に地方公共施設の建設などを目的とする大型の公共事業からなる12項目建設計画が発

表された。その結果，1963（民国52，昭和38）年から1980（民国69，昭和55）年まで，台湾経済の成長は毎年10パーセントを超える勢いを示し，高度成長期となった。台湾人1人当たりのGNPを見ると，経済建設4か年計画により農業国から工業国への転換を図り始めた1953（民国42，昭和28）年に167ドルであったのが，1980（民国69，昭和55）年には2344ドルに達した。

このように1970年代に始まった社会基盤の整備の上に立って，1980年代になると，台湾の政治的あり方を転換しなければならないような経済政策が採られるようになった。おりしも，中国大陸では鄧小平(とうしょうへい)による改革開放政策が発表され，経済特区が広東省に開設されると，繊維を始めとする労働集約型産業は安価な賃金による生産を求めて中国大陸への進出の道を模索し始めた。かつて安価な労働力によって日本やアメリカから企業誘致を図ってきた台湾は，国民生活の豊かさを手にした反面，賃金面で将来的には中国大陸に太刀打ちできないことが見えてきたのである。ここにおいて，台湾は，2つの方向で新しい政策を提示した。1つは，先端産業の国家的育成であり，もう1つは，中国大陸との関係改善による中国進出である。

先端産業の国家的育成の先陣を切ったのが，1980年代に開発が始まった新竹科学工業園区である。園区内で輸出入から法的問題の処理まで，先端産業に関連するあらゆるサービスが提供されることを意図した同園区には，ICチップやコンピュータ関連部品，通信関連などの先端産業の工場が立地し，今日の台湾を代表する企業が育まれていった。1990年代には，新竹市は，アジアのシリコンバレーとまで呼ばれるようになり，世界中からコンピュータなどの先端産業の「代工」基地として評価されるようになった。2000（民国89，平成12）年には，同様の園区を台南にも開設し，そこではオプトエレクトロニクスとバイオテクノロジー関連産業の育成が図られている。先端産業の育成により，1人当たりGNPは1990（民国79，平成2）年には8111ドルとなり，外貨準備高も1985（民国74，昭和60）年に225億ドルであったのが，1992（民国81，平成4）年には800億ドルを超え，世界有数の外貨保有国となった。

他方，先端産業の育成に反比例するかのように，1980年代までの台湾経済を牽引した労働集約型産業は，戒厳令の解除とともに，中華人民共和国の改革

開放政策に呼応して中国大陸へと進出していった。それを可能にしたのが，1987（民国76，昭和62）年末に認められた探親目的による台湾人の中国大陸訪問である。国共内紛後の中華民国の台湾移転に伴って離散した家族を訪問するという人道的な目的を前面に出した政策であるが，実際には大多数の場合に，ビジネスのための中国大陸旅行あるいは観光に利用された。

　1990年代になると，台湾で育成された電子産業などの先端産業は，発展のスピードが速く，3年前の先端事業は今では先端ではなくなり，常に新しいものを開発していかなければならなくなった。ところが，台湾の先端産業は自社開発の基礎技術に基づくものは少なく，日本やアメリカの技術を導入して相手先ブランドで生産を行う「代工」を特色としていることから，人件費が高騰すれば，これを容易に中国大陸に移転できるというメリットがあった。その結果，今日では多くの先端産業が中国大陸に生産の場を求めるようになり，ビジネスのために中国大陸に居住する「台商」と呼ばれる台湾人が100万人以上になると言われている。

　2005（民国94，平成17）年の統計によれば，台湾から香港に向かった台湾人旅客数は273万人強であり，マカオに向かったのは116万人強である。香港，マカオはともに台湾人の中国大陸入境の通過点であり，国境の「台胞」と表記されたゲートを通過すれば容易に中国大陸に入ることができるので，100万人とも言われる数字は決して誇張ではない。なお，2008（民国97，平成20）年からは，台湾から中国大陸への直行便が運行されており，ますます両地域の交流が密接化してきている。

　このような経済活動に起因する台湾と中国大陸，言い換えれば中華民国と中華人民共和国の交流を可能にしていくためには，台湾側から見れば中華人民共和国をもはや叛乱団体の支配する地域と見るのではなく，1つの独立した主権国家と見なければならない。逆に，中国大陸側から見ても，台湾を1つの独立した主権国家と見なければならない。ところが，いずれの地域の憲法においても，台湾を含む中国大陸が総体として1つの国家ということになっているので，ここに実態と法制度との乖離が生じている。

2　憲 法 修 正

　1991（民国80，平成3）年4月30日，李登輝総統は「動員戡乱時期臨時条款」の廃止を宣言し，翌5月1日より廃止した。これに合わせて同日，「中華民国憲法増修条文」10条を公布した。この憲法修正は，「一機関両段階」と呼ばれる方式で進められた。憲法修正手続きを定めた憲法第174条には，国民大会代表の5分の1以上の提案を受け，3分の2が出席し，出席者の4分の3の決議がある場合，又は立法院の提案を受け国民大会が承認した場合に修正できることとなっている。ところが，国民大会代表は，中国大陸に中華民国があったときのままであり，40数年間改選が行われていない。まさに万年議員によって構成されていた。これでは，台湾を対象とする民意代表機関とは言えない。そこで，第1段階として，手続き面の改正を行い，その後第2段階として国民代表大会を民意を代表する機関に改めた上で実質的な修正を行うというのが，「一機関両段階」という考え方である。

　このような方式であれ，憲法修正へといたらざるを得なかったのは，この時期の民意の動向を無視し得なくなったことが大きな原因であろう。戒厳令解除後の初の選挙である1989（民国78，平成元）年12月の立法委員の増加定員選挙，県長，市長，省議会議員選挙，台北市市議会議員選挙，高雄市市議会議員選挙が一斉に行われ，結果的に国民党は圧勝したものの，得票数は58パーセントに過ぎなかった。対照的に，民進党は6県1市で首長の座を獲得し，立法院においても21議席を獲得し，法案提出資格を得た。このように，民意が国民党の独裁に反対し，民主化を求めていることが明瞭になり，しかも1991（民国80，平成3）年3月には万年議員の陋習を批判する学生らが国民大会の解散や政治改革推進を求めて大規模なデモを行い，これを収拾するために李登輝は各界の人士を集めた国是会議の開催を約束した。6月28日に招集されたこの会議において，憲法修正による政治改革の実現，「動員戡乱時期臨時条款」の早期廃止などを決定したのである。

　1991（民国80，平成3）年4月の憲法修正後，12月には国民大会代表選挙が

行われ，民意を代表する形が整えられた。そして1992（民国81，平成4）年5月27日に実質的憲法修正を終え，第2段階に当たる憲法増修条文第11条から第18条がまとめられ，国民大会の手続きを経て1994（民国83，平成6）年8月1日に公布された。

　国民大会の地位，総統の職権と選挙方法，司法院，考試院，監察院，地方自治など，大中国を前提とする憲法を台湾のみを支配しているという実態に適応させる修正であるが，憲法の条文そのものを改正したのではない。その方法は，たとえば増修条文第1条に，「国民大会代表は左の規定によりこれを選出し，憲法第26条及び第135条の制限を受けない」と規定することによって憲法の規定の適用を停止して，増修条文の適用を優先したのである。ちなみに，効力を停止された憲法第26条は，大中国を前提とした国民大会代表の選出に関する規定であり，第1号に，すべての県市から代表1人，人口50万人を超えるごとに1人を追加すること，モンゴル，チベットから選出することなどが明記されていたが，台湾内においてこれを満たすことは困難である。そこで，増修条文第1条で，直轄市，県市から2人，人口10万人ごとに1人追加などと改め，台湾の実情に合わせた。

　中華人民共和国と交流を進めるための必須の措置は，中華人民共和国と中華民国の関係について，双方ともに納得のいく説明を加えることである。そこで，増修条文第11条において，「自由地区と大陸地区間の人民の権利義務関係及びその他の事務の処理は，法律によって特別の規定を設けることができる」と規定した。台湾を自由地区，中国大陸を大陸地区と規定したのであるが，他方で，増修条文の前言において，「国家統一前の必要から，憲法第27条第1項，第3項及び第174条第1号の規定により，本憲法を増修する」と述べており，中華民国による中国全体の統一という蒋介石時代以来の基本方針は堅持している。他方，中国大陸の中華人民共和国政権もまた，台湾は中華人民共和国の省の1つであり，分離独立は認めないという立場を堅持している。事実上別個の政権が支配しているにもかかわらず，お互いに他を自己の政権の一部であるという論理を放棄しないのであるから，台湾側からすれば，将来の国家統一前には，大中国には自由地区と大陸地区という2つの地区があるという虚構を維持しな

ければならなかったのである。

　虚構であるとは言っても，台湾と中国大陸との関係を規定する条項が憲法上できたことにより，両岸交流についての具体的法律が制定されることが可能になった。それが，1992（民国81，平成4）年7月31日公布，9月18日施行の「台湾地区と大陸地区人民関係条例」である。同法の立法目的は，第1条に，「国家統一前に，台湾地区の安全と民衆の福祉を確保し，台湾地区と大陸地区の人民の往来についての規範を定め，法律問題を処理するために特に本条例を定める」とあるように，憲法増修条文の趣旨を生かしながら，現実的な両岸交流の促進を意図したものである。もっとも，同条例第2条には，自由地区と大陸地区の概念を規定して，「1　台湾地区とは，台湾，澎湖，金門，馬祖及び政府の統治権の及ぶその他の地区を言う。2　大陸地区とは，台湾地区以外の中華民国の領土を言う」と規定しており，中華民国による大中国の統一という理念が明示されている。

3　国家発展会議以降の憲法修正

　1996（民国85，平成8）年，中華民国の民主化史上画期的な初めての総統直接選挙が行われ，李登輝が第9代総統に選出された。このとき，中華人民共和国が演習に名を借りて，台湾海峡に向けてミサイルの発射実験を行い，台湾独立勢力を威嚇した。李登輝は，選挙前に，憲政改革を施政の中心にすえるとともに，かつて民意を結集するために開催された国是会議を招集することを表明した。当選後，国是会議は，国家発展会議と名称を改めて招集され，台湾省政府の権限と組織の簡素化を進め，次期台湾省長並びに省議会議員の選挙を凍結することが決められた。中華民国中央政府と台湾省という屋上屋を重ねる行政機構の改革に手をつけることになったのである。また，国民大会代表と立法院という立法権の二重構造についても改革を加えることとなった。

　これを受けて，1997（民国86，平成9）年7月18日，第3期国民大会第2次臨時会は，憲法増修条文第9条に以下のように定めた。

第10期台湾省議会議員及び第1期台湾省省長の任期は民国87（1998）年12月20日までとする。台湾省議会議員及び台湾省省長の選挙は，第10期台湾省議会議員及び第1期台湾省省長の任期満了の日をもって事務を停止する。台湾省議会議員及び台湾省省長の選挙事務停止後，台湾省政府の機能，業務と組織の調整は，法律によって特にこれを規定することができる。

　本規定により，台湾省は事実上消滅したのである。しかし，台湾省の廃止ではなく，凍結という方式を採用したのは，1995（民国84，平成7）年に中華人民共和国の江沢民主席が中国共産党総書記の立場で台湾に対して提案した「江八項目」の中に，1つの中国の原則を堅持し，台湾独立を意図するいかなる言論や行動にも断固として反対するという1項目があり，台湾省という名称の廃止は，中国大陸から見た場合に台湾独立の動きと映り，また逆に，大中華民国を堅持する中華民国憲法の立場からも省の廃止は認められないからである。虚構の上に立った解決は，省の名称を残しながらもその機能を凍結してしまうという方式が妥当であるということになるのである。

　国民大会代表をめぐっては，1999（民国88，平成11）年の憲法修正において取り扱われた。9月4日，国民大会は秘密投票の方式で国民大会代表と立法委員の任期調整に関する憲法増修条文を採択した。すなわち，「国民大会代表の任期は4年とする。ただし，任期中に立法委員の改選があれば同時に改選することとし，重任できる。第3期国民大会代表の任期は第4期立法委員の任期満了の日までとする」として，国民大会代表と立法委員の選挙を同日に行うようにし，そのために，「第4期立法委員の任期は中華民国91（2002）年6月30日までとする。第5期立法委員の任期は中華民国91（2002）年7月1日より4年とし，重任できる。その選挙は任期満了前又は解散後60日以内に行わなければならず，憲法第65条の規定の適用を受けない」とする修正を行った。ところが，この修正によると，国民大会代表の任期を2年42日延ばし，立法委員の任期を5か月延ばさないと同時選挙が行われない。このような任期延長が果たして可能であるかどうか，大法官の憲法判断が問われた。大法官は，第499号解釈において，以下の判断を示し，この憲法修正が違憲であるとの判断を下した。

国民主権の原則に基づけば，民意代表の権限は直接国民による授権に由来するものであって，これこそが民主主義の正統性である。民意代表が，選挙民によって付与された職権を行使するに当たっては，選挙民との約束を遵守しなければならず，任期満了は，改選することができない正当な理由がある場合以外は，約束の最も重要なものであり，そうでなければ代表制を失う。本件は国民大会代表及び立法委員の任期の調整に関するものであるが，増修条文によってその任期を延長する方式はこの原則に符合するものではない。又，国民大会代表が自ら任期を延長することは利益回避原則にも違背しており，ともに自由民主の憲政秩序に適合するものではない。

そして，本修正は，「本解釈公布の日よりその効力を失う」として，この修正を失効させた。その結果，国民党籍の国民大会代表議長の蘇南成（そなんせい）は国民党籍を奪われ，議長職を追われた。

国民大会代表が，結局のところ自らの利益しか考えない人々であることが台湾人の目に明らかになってくると，国民大会自体のあり方が問われるようになり，果たして必要かどうかの議論が展開されるようになった。2000（民国89，平成12）年4月24日，またしても憲法修正が行われ，国民大会を「任務型国民大会」として，非常設化し，もともと国民大会が持っていた職権を立法院に移管した。事実上，国民大会を終結させる修正である。すなわち，増修条文第1条第4項に，「第3期国民大会代表の任期は中華民国89（2000）年5月19日までとする」と規定した。そして，従来国民大会が有していた職権については，次のように移管した。

第1に，人事同意権に関して，司法院大法官，院長，副院長については増修条文第5条，考試院院長，副院長及び考試委員については増修条文第6条，監察院院長，副院長及び監察委員については増修条文第7条により，すべて立法院に移管した。

第2に，国家領土変更の提案権を立法院に移管した。ただし，立法院の提案に対する「複決同意権」だけは国民大会に残した。

第3に，総統，副総統の選挙については，すでに1996（民国85，平成8）年より台湾人民による直接選挙が行われており，もともと憲法第27条によって

国民大会に与えられていた選出権は凍結されていた。しかし，副総統が欠けたときには憲法第49条により国民大会臨時会による補充選出を必要としていたが，増修条文第2条により，その権限を立法院に移管した。

第4に，総統，副総統の罷免についても，増修条文第2条に，全立法委員の4分の1の提案により全立法委員の3分の2が同意し，かつ中華民国自由地区の選挙人総数の過半数の投票により，有効投票の過半数が罷免に同意したときに罷免できると定めた。

以上のような権限の移管の結果，国民大会に残された権限は，立法院の提案する憲法修正案の複決，立法院の提案する領土変更案の複決，立法院の提案する総統，副総統の弾劾案の議決のみとなった。このように国民大会を事実上有名無実化したが，それでもまだ国家機構としては存置されていた。しかし，2000（民国89，平成12）年の総統選挙で民進党の陳水扁が当選すると，国民大会の権限は一掃された。すでに2003（民国92，平成15）年12月31日に「憲法の主権在民の原則に基づき，国民の直接的民権の行使を確保するため」（第1条），「公民投票法」を公布施行し，国政の重要事項について国民投票による決定を原則とするようになっていた。陳水扁は，2004（民国93，平成16）年選挙において辛勝すると，2005（民国94，平成17）年6月10日，増修条文の修正を公布した。その修正は，国民大会の権限をすべて剥奪するものであり，この年を持って国民大会はその任務を終えたと言っても過言ではない。すなわち，国民大会が有していた領土変更に関与する権限は，増修条文第1条に以下のように定めて，国民投票に委ねた。

> 中華民国自由地区の選挙人は，立法院の提出する憲法修正案，領土変更案について，半年間の公告を経て，3か月以内に投票により複決し，憲法第4条，第174条の規定はこれを適用しない。憲法第25条から第34条まで，及び第135条の規定は適用を停止する。

また，増修条文第12条に，以下のように定めて，憲法修正案の複決権を国民投票に移管した。

憲法の修正は，立法院の立法委員の4分の1の提案により，4分の3が出席し，出席委員の4分の3の決議により憲法修正案を提出し，半年間の広告後，中華民国自由地区の選挙人の投票により複決し，有効同意票が選挙人総数の半数を超えると，通過したものとする。憲法第174条の規定は適用しない。

さらに，増修条文第2条に，「立法院の提出する総統，副総統の弾劾案については，司法院大法官の審理を求め，憲法法廷が成立したとき，被弾劾人は解職される」と定めて，弾劾案の議決権を大法官に移管した。このようにして，大中国を前提に設置されていた国民大会はその任を終え，台湾のみを支配する中華民国の等身大の国家機構が整備されたのである。

4 会社法改正

2001（民国89，平成13）年，中華民国はWTOに加盟した。中華人民共和国の加盟と時を同じくしての加盟であるから，国際関係の面では複雑な問題をはらんでいるが，中華民国が1つの政治実体として国際社会で承認されたことの証左の1つであることは間違いのないところである。

急速に進む経済のグローバル化に対応して，台湾の会社法を国際基準に適応させるために行われたのが2001（民国90，平成13）年会社法改正である。台湾では同族企業が多く，かなりの規模の上場企業（上市，上櫃）であっても，個人の持ち株比率が高いという特性がある。たとえば，液晶画面の製造で世界的な上場企業である奇美電子の場合，2003（民国92，平成15）年の段階で創業者である許文龍(きょぶんりゅう)は0.24パーセントの株式を所有しているだけであるが，非上場の自動車関連メーカーであり，許氏がオーナーである奇美実業が30.9パーセントを所有している。あるいはまた，近年上場したばかりの生命科学関連の喬山の場合，総経理でもある羅光廷氏が28.52パーセント，代表取締役である羅崑泉(ら こんせん)が21.61パーセントを所有しており，大株主にはその他の羅姓の人々の名前が記されている。このように，一族で会社支配を行うのは決して例外ではない。その結果，企業の内部統制が明確でなく会計処理についても不正が行われ，証券市場で突如として倒産するいわゆる地雷株が問題となっていた。グローバ

リズムの進展に伴い，アメリカ市場で外国資本を円滑に導入して台湾企業の信頼度を高めるためにも，会社法の改正は急務とされてきた。2001（民国90，平成13）年改正では，この点に留意した改正が行われた。

　主要な改正点を見ると，まず取締役の注意義務について，厳格な基準を設けたことである。改正前の会社法では，第192条3項に，「会社と取締役の関係は，本法に別段の定めのある場合を除き，民法の委任の規定を準用する」と定めていた。民法の委任規定である第535条は，「受任者は，委任者の指示に従い，自己の事務処理と同一の注意をもって委任事務を処理しなければならない。有償委任の場合には，善良なる管理者の注意をもって，事務処理を行わなければならない」と定めており，無償の委任か有償の委任かによって，受任者に要求される注意義務に差異がある。これでは，会社の取締役は報酬を得ずに業務を行い，同時に他方において同族経営の利点を生かして大株主として配当を得れば，会社に対してはほとんど何の責任を負うこともなく，利益のみを得ることができることになる。そこで，2001（民国90，平成13）年改正において，第23条第1項に，「会社責任者は忠実に業務を執行し，且つ善良な管理人の注意義務を尽くさなければならず，もし違反して会社に損害を与えたときは，損害賠償責任を負う」と規定した。会社責任者については，第8条第1項で有限会社及び株式会社の取締役がこれに相当することが規定されているので，本条により，取締役は，委任が有償であるか無償であるかという民法の規定に従うことなく，常に会社に対して忠実義務と善管注意義務を負わねばならなくなったのである。日本の会社法から見れば，かなり遅きに過ぎたという印象は免れないが，取締役の責任が明確化されたことにより，会社は公器であるという法の立場が明確になったと言えよう。

　次に，内部統制システムについて見ておこう。会社責任者が法令違反によって第3者に損害を与えたときは，第23条第2項に，「会社と連帯して賠償の責任を負わなければならない」と定め，また，取締役の法令違反行為を事前に防止するために，第194条に，「取締役会が法令若しくは定款に違反する行為をする旨を決議した場合は，1年以上引き続き株式を所持する株主は，取締役会に対してその行為の停止を請求することができる」として，株主制止請求権を

定めた。さらに，第218条の2第2項に，「取締役会又は取締役が業務執行について法令，定款又は株主総会の決議に違反する行為があるとき，監査役は，直ちに取締役会に通知してその行為を停止させなければならない」と定め，監査役の権限を強化した。

第218条第1項に，「監査役は会社の業務執行を監督しなければなら」ないと規定して，監査役が会社の業務執行について監督権を有することが明確化されたのはよいが，同族経営が多い台湾の会社において，監査役の監督権限が果たして有効に機能するかどうかは問題のあるところである。なぜなら，第27条に，以下のように規定されていることから，支配株主は法人株主代表人制度を利用して間接的かつ実効的に企業の取締役会をコントロールしているからである。

1 政府又は法人が株主であるときは，取締役又は監査役に選任されることができる。但し自然人を指定してその職務行使を代表させなければならない。
2 政府又は法人が株主であるときは，その代表者もまた取締役又は監査役に選任されることができ，代表者が数人あるときは，各別に選任されることができる。

その手法は，同族で小規模な投資会社を設立して株式公開企業の株式を保有させ，議決権を行使して投資会社を取締役に選任した上で，家族や友人をその代表人として公開企業の取締役会に送り込むという方式である。代表者として派遣された者は，任期の途中でも随時交代することができるので，この者には実権はなく，法人取締役を実質的に支配する者が派遣先会社である公開企業の取締役会に対して大きな影響力を有することになる。しかも，法人取締役又は派遣された取締役が損害賠償等の責任を追及されたときは，責任負担の範囲を小規模な投資会社にとどめることが可能となる。さらに，この制度では，同一の投資会社から取締役と監査役を同時に派遣することも可能であり，結果として監査役による取締役の業務監督が機能しないおそれがある。こうした点は，同族会社を保護するというメリットはあるが，台湾の企業統治の欠点でもある。

上述の欠点を少しでも是正しようとして，2005（民国94，平成17）年12月の証券取引法改正において，独立取締役制度が設けられた。同法第14条の2に

より，会社の規模，業務等に応じて，主務官庁は2名以上又は取締役の総数の5分の1を上回る数の独立取締役を任命することができることとなった。独立取締役は，会社と利害関係を有する者であってはならず，また会社法第27条に従って選任された者であってもならない。このようにして，独立取締役制度を導入することによって有力株主による会社の私物化を防止しようとした。さらに，取締役会構成員に関する資格制限が追加された。同法第26条の3により，証券取引法により株式を発行している会社，すなわち上場会社では，政府又は法人が株主であるときは主務官庁の認める場合を除き，その代表者は取締役及び監査役になることはできず，会社法第27条は適用されない。さらに，主務官庁の認める場合を除き，配偶者，2親等内の親族で取締役の過半数を占めることはできず，監査役にこれらの者を加えることもできないこととなった。非上場の小規模会社は別として，証券市場に上場する会社については，極力同族支配の弊害が発生するのを防止し，世界基準に近づけようとする姿勢がうかがえる。

第3章　戦後台湾における祭祀公業の変遷

1　解体整理か再編か

　台湾に伝統的に存在してきた祭祀公業は，祖先祭祀の永続性を主たる目的として設定された土地を中心とする財産秩序であるが，日本統治時代に土地所有関係の複雑さや内部紛争の頻発を理由として，その廃止論が展開された。しかしながら，祖先祭祀という台湾人固有の宗教的伝統との訣別は容易ではなく，また祭祀公業によって成り立つ一族団結の維持のためにも，台湾人の側からはその存続が強く主張された。存続か廃止かをめぐる議論は，公的な場である総督府評議会においても展開されたし，準公的な場とでも言うべき台北弁護士会主催の全島座談会においても展開された。このような状況の中で，台湾総督府は特別法による対処も検討したが，結果的には新たな立法を禁じるということで，従来からある祭祀公業は維持されていった。

　第二次大戦後，台湾が中華民国の統治下に置かれると，土地改革や都市化に伴う土地整理の必要から祭祀公業の解体整理が進められ，多数の祭祀公業が整理されていった。1980年代の調査では，祭祀継続の基礎となる財産である土地が解体整理されるにつれて，祭祀公業の弱体化が進むとの指摘もある。しかしながら，祖先祭祀と一族の団結という民族のアイデンティティとも言うべき伝統は，これを捨て去ることができるのであろうか。今日，祭祀公業は財団法人への転化が認められるだけでなく，享祀者が設定する土地という伝統的かつ代表的な財産を基礎とするのではなく，新たに同姓の者たちの捐助によって基本財産を形成し，これを財団法人によって維持しつつ祖先祭祀の永続性を図る動きも現れてきている。

　このような戦後台湾における都市化に伴う土地流動化現象の中で，祭祀公業

の土地がどのようにして解体整理され，そしてそれに伴って祖先祭祀という祭祀公業の本来の目的が維持されているのかどうか，維持されているとすればどのようにして維持されているのかは興味深いところである。

2 中華民国期における祭祀公業の整理

　日本の敗戦により中華民国による台湾接収が行われたが，土地登記に関しては日本統治時代の方法が継承された。すなわち，祭祀公業の本質に関しては，享祀者主体説，法人説，総有説などいくつかの見解があり，共通の理解を得ていなかったが，総督府法院が法人説をとり，1922（大正11）年の勅令第407号第15条に「本令施行ノ際現ニ存スル祭祀公業ハ慣習ニ依リ存続ス，但シ民法施行法第十九条ノ規程ニ準シ之ヲ法人ト為スコトヲ得」との規定が設けられ，慣習上の法人とする見解が実務上広がったことから，祭祀公業を法人類似のものとして登記する方法を継承した。ところが，1950（民国39，昭和25）年，最高法院は「祭祀公業の制度は，死者の末裔の子孫の公同共有財産の総称である」という見解を示し，祭祀公業の法的性質は，公同共有であるとした。公同共有というのは，中華民国民法の採用する所有の1形式であり，民法第827条に「法律の規定又は契約により，公同関係の数人が一体となり，その公同関係に基づいて一つの物を共有するときは，これを公同共有者となす。各公同共有者の権利は，公同共有物の全部に及ぶ」とあるように，いわゆる合有と考えられる所有形式である。

　祭祀公業に関して言えば，構成員である派下員には公業の使用，収益に預かることは可能であるが，持分権はなく，管理，処分権は全体としての公業に帰属するという考え方である。日本統治時代から，この見解は祭祀公業の実態に即した見解の1つであったが，前述のように実務において採用されることはなかった。

　このように，登記実務と最高法院の見解が異なることから，祭祀公業の処分に当たっては，日本統治時代と同様に，派下員の間で紛争が頻発した。しかしながら，年月を経るに従って派下員は増加の一途をたどり，その総意の確認が

一層困難となること，台湾の工業化が進むと人口の流動化が進展し派下員の分散居住現象が生じることなどから，派下員の範囲の確定が困難となってきた。また，それに伴って，祭祀公業の処分は一層困難となり，あるいは管理人が死亡しても新たにこれを選任しないために税の未納という問題も発生した。このような祭祀公業にまつわる諸問題を解決するには，行政による対処しか方法はなく，中華民国政府は1981（民国70，昭和56）年，「祭祀公業土地清理要点」を制定した。

　全26点からなる同要点は，祭祀公業の整理を目的としたものであって，祭祀公業の法的性質あるいは内部の諸関係について特定の立場を支持するものではない。土地整理については，第19点に，「祭祀公業土地の処分又は担保の設定については，土地法第34条の1第5項の規定に従ってこれを行う。但し規約に別段の定めがあるときはこの限りでない」と定めた。土地法第34条の1は，共有土地又は建物の処分変更及び担保権の設定に関する条文であり，その第5項には「法により分割又はその他の処分を行う共有土地又は建築改良物は，共有者が自ら協議して分割又は処分ができないときは，いずれの共有者であれ管轄の市県の地政機関に調停を求めることができ，調停が成立しないときは地政機関は共有者の申請により管轄の司法機関に移送し，審理を受ける」と規定されており，地政機関と裁判所が最終判断を下すことを定めたものであり，祭祀公業処理に関する直接的な規定ではない。しかし，同法は内政部により1986（民国75，昭和61）年に定められた「土地法第34条の1執行要点」に基づき事実上運用された。

　この執行要点の第11項を見ると「公同共有土地又は建物の処分又は変更は法律又は契約に別段の定めのある場合を除き，共有者の過半数の同意によりこれを行う」と定められている。したがって，民法の規定から見ると，その処分は第828条に「公同共有物の処分及びその他の権利行使は，公同共有者全体の同意により行わなければならない」とあるように，公同共有者全体の合意に基づかねばならないはずであるが，祭祀公業の場合，派下員が公同共有者に当たるとすると，派下員の確定が難しく，事実上全体の合意による処分というのはきわめて困難である。それゆえに，執行要点第11項は，過半数の合意で処分

可能という見解を示したものと思われる。

　以上に見たように，1980年代に「祭祀公業土地清理要点」に基づいて祭祀公業の解体が進められたのであるが，その結果は必ずしも十分なものではなかった。と言うのも，台湾全体では40938筆の祭祀公業のうち，1990（民国79，平成2）年までに整理されたのは，11386筆であり，わずか28パーセントが整理されたに過ぎなかった。面積で見ると，9166ヘクタールの祭祀公業のうち，1834ヘクタールが整理された。もっとも，地域間の格差はかなりあり，台北市では3236筆中1493筆，面積で見ると295ヘクタール中169ヘクタールが整理されており，いずれも40パーセント以上の整理成績を上げている。また，南部の大都市である高雄市では216筆中103筆，面積では11ヘクタール中6ヘクタールが整理されており，50パーセント前後の整理成績を上げている。このように，北部と南部の大都市では整理がかなり進んでいるが，中南部の農山村地帯ではあまり整理が進まなかった。たとえば，彰化県では，6155筆中585筆，面積で見ると1425ヘクタール中171ヘクタール，嘉義県では，2223筆中392筆，面積にして358ヘクタール中61ヘクタールが整理されただけであった。祭祀公業の解体整理が容易でなかった原因として，内政部は以下の10個の理由を挙げている。

1　祭祀公業清理要点の規定によれば，管理人又は派下員全体の過半数によって推挙された代表が管轄機関に報告することとなっているが，祭祀公業は往々にして派下員間の利害が衝突しており意見が一致しないために報告を行っていない。
2　派下員の有無が不明で，管理人も死亡している場合に，代表を推挙することができず，報告もできない。
3　派下員の人数が多く，国内外に散居しており，かつ姓名住所が不明であることから，派下員の範囲の確定が困難であり，集会を開いて報告することができない。
4　祭祀公業の享祀者に子孫がなく，土地を管理する者もないので，報告できない。
5　派下員の一部が祭祀公業の土地又は建物を占有使用しており，報告を妨害する。
6　税金の未納額が多く，派下員がこれを負担する資力がなく，報告しない。
7　祭祀公業の土地が小さく，価値も高くないが，派下員が多いので，報告を行うには時間と費用を要しすぎることから，報告しようとしない。
8　祭祀公業の土地の一部又は全部を祖先が他人に売却しており，買取人がこれを

占有使用しているが，移転登記を行っていないために土地所有権名義が依然として祭祀公業にあるだけのことであり，実際の価値を有さないので報告しない。
9 政令の宣伝不足のために，管理人又は派下員が法令を知らず，自らの利害に関係しないと思い報告しない。
10 報告のない祭祀公業の土地を最終的にどのように処理するかについてはなんの法規定もなく，又民生機関にも人員と経費の不足があり，積極的に整理を促すことができない。

内政部が示すこれらの理由は，派下員確定の困難，管理人に関連する問題，土地の財産的側面及び法令の伝達といった問題点に着目したものであり，祭祀公業の本来の目的である祖先祭祀の永続性及び一族団結の維持といった側面が祭祀公業の整理に当たって問題視されたかどうかについて答えるものではない。これらの問題がどのように扱われたのか，換言するならば祭祀公業の解体整理は，単に土地の整理だけなのか，それとも祖先祭祀と一族団結の解体につながるのかという問題を明らかにするには，解体整理の具体例を見ていかなければならない。

3 祭祀公業解体整理の事例

(1) 祭祀公業陳懷の解体整理

祭祀公業陳懷（ちんかい）は，台北市の北郊の北投区中央北路に事務所と祖廟を設けている。かつては，台北市北部の有力な地主であり，北投の陳家と言えば知らないものがないほどの一族であった。同公業は，陳懷，俗名陳時英を祖とする祭祀公業である。陳懷は，1699（康熙38）年に大陸の福建省に生まれ，アモイに居を構え，長子倫涼と次子倫朝を設けた。1728（雍正6）年，29歳のときに単身台湾に渡り，開墾と農業に従事し，台湾でも妻を娶り，第3子倫老，第4子倫咏，第5子倫桂を設けた。台湾で土地開発と農業で成功を収め，1734（雍正12）年には大陸にいったん帰省し，大陸の妻との間に第6子倫円を設け，妻を連れて再度台湾に渡ろうとしたが妻がこれを拒絶したために，再度単身で渡台，台湾の妻との間に第7子倫斎，第8子倫祖を設けた。大陸と台湾に2つの家庭

を持つという当時の一般的な家族関係を形成した。大陸に残された3人の男子がいつごろ台湾に渡ってきたかは不明であるが，これら8人の男子が，今日まで続く8大房を形成している。陳懷は，これら男子とともに開墾につとめ，今日の北投区の大部分を占めるほどの広大な農地を所有するにいたった。陳懷が所有した土地がどれほどの広さであったかは判然としない。日本統治時代に測量が行われたようであるが，詳細は明らかでないからである。畑地である九人公土地と呼ばれる土地が日本統治時代に管理人の単独名義で登記されたことから一族内に紛糾が生じたことが知られている。陳懷が祭祀公業として設定した土地の一部は日本統治時代に学校用地として総督府に提供され，あるいは他人に譲渡されたが，祭祀公業として，広大な土地が受け継がれてきた。

中華民国時期の1953（民国42，昭和28）年，中華民国政府の求めに応じた当時の管理人が3.5ヘクタール余という広大な水田を無償で政府に提供した。管理人は，無償の譲渡により「宏揚国策」と書かれた大きな扁額を賜ったが，祖先から受け継がれ，祖先祭祀費用を拠出するための経済的基盤である農地が1人の管理人の判断のみによって譲渡されたのであるから，一族内に紛争が生じたのは言うまでもない。しかし，譲渡の相手が政府であるから，返還措置を講じることもできず，結果的に，政府を通じて民間にも再譲渡されていき，今日のような住宅地としての北投区ができていった。このときに，残された祭祀公業の土地は，27ヘクタールであった。

1985（民国74，昭和60）年，台北市の地下鉄車庫が同公業の祖廟の所在する地域一体に建設されることが決まり，公業の土地の強制収用と祖廟の立ち退きが問題となった。祖廟は，古跡に認定されるほど古い建造物であったが，移転せざるを得ず，大通りを挟んだ向かい側の山の斜面に移転することとなり，新たに祖廟の建設が行われた。地下鉄車庫に収用された土地は3ヘクタールほどであったが，台北市政府との間で収用価格をめぐって折り合いがつかず，数度に及ぶ陳情の結果ようやく折り合った。沼沢地，畑地，住宅地等多様な土地が含まれているので，複雑な計算になったようであるが，近隣の住宅地の公示価格が1平方メートル当たり2万1000元であったことから，結果的には数億元で売却された。祭祀公業陳懷では，これを原資として新たな祖廟の建設，事務

所ビルの建設を行った。さらに，隣接地を台北市で最も大きな廟である行天宮に賃貸した。かつてのような農地を小作に貸し出して祭祀費用を得るという方法ではなく，事務所ビルに併設された幼稚園からの収入と賃貸収入によって事務経費と祭祀費用をまかなうようになった。

祭祀公業陳懐は，財団法人化の道を採用することはせず，従来の祭祀公業の姿を維持している。これは各房から1人の管理人が選出され，総勢8名の管理人により管理人団が結成され，模範的な管理運営が行われているからである。本公業では毎年清明節の日に8大房が輪流して祖先祭祀の祭典を司り，盛大な祭祀が挙行される。現在，派下員は200名ほどであるが，海外に居住する者もあるので，公業の収益から旅費の一部を負担している。

公業規約についても，整備を進め，以下のような全7か条から成る規約を定めている。

1 本祭祀公業は，祭祀公業陳懐と称する。
2 本祭祀公業は陳懐を祭祀することを目的とし，毎年清明節の日に8大房が輪流して祭典を司る。
3 本祭祀公業の祭祀地は，台北市北投区中央北路4段32号に置く。
4 本祭祀公業の管理人の選任は，派下員の過半数の同意により，各房ごとに1人を選出する。
5 本祭祀公業の派下権は，陳懐の直系血族の男性で，陳姓を名乗るものに限られる。
6 本祭祀公業の財産の処分又は設定は，派下員の過半数の同意を要する。すなわち，土地法第34条の規定に従う。
7 本規約は派下員の過半数以上の同意を得，主管機関の認証を得て，効力を発生する。

この規約に見られるように，祭祀公業陳懐の目的は，祖先祭祀の継続的実施に置かれている。その意味で，祭祀公業本来の姿を維持していると言える。また，派下員たる資格を直系血族の男子のみに限定している点でも，伝統的な男系を中心として成立する家族制を維持している。しかしながら，財産の処分については，第6項に見られるように，土地法の規定に従うこととしており，公業の財産である不動産が合有か共有かといった法的性質論に立ち入ることなく，国家法の遵守を明記している点に特色がある。

以上に見たように，祭祀公業陳懐では，公業の土地の強制収用の後も，残された財産を基礎として祖先祭祀の継続を目的として祭祀公業を維持している。

(2) 祭祀公業陳悦記の解体整理

祭祀公業陳悦記（ちんえつき）は，台北市延平北路に 1500 坪の土地とそこに建つ広壮な屋敷を有している。族譜によると，台湾における起源は，唐代に閩南地方に移住した陳忠祖の第 12 世炳望（へいぼう）の第 5 子埣海（字文瀾）（さいかい）が清の 1783（乾隆 48）年に渡台，現在の台北市北郊に当たる淡水県壺済世（こさいせい）に居宅を構えたのに始まる。その後，1807（嘉慶 12）年，長子の遜言が淡水河のほとりの大龍峒港（だいりゅうどうこう），すなわち現在の延平北路に「公媽庁」という住居を建立した。これが，今日の「陳悦記祖厝」，別名「老師府」である。老師府は，1825（道光 5）年と 1832（道光 12）年に増築されたが 1853（咸豊 3）年に起こった漳州人と泉州人との間の分類械闘の影響を受けて焼失，その後 1859（咸豊 9）年に再建，1879（光緒 5）年に増築されて今日にいたっている。現在，三級古跡として重要文化財の 1 つに数えられている。老師府と称されるのは，遜言の第 4 子維英が 1825（道光 5）年わずか 15 歳で秀才に合格，教育に一身を捧げながらも自ら 49 歳にして挙人に合格，59 歳の生涯を閉じるまでに挙人 8 名，貢生 4 名，廩生 8 名，生員 56 名の多数を育て上げたことに由来する。また，「悦記」の名称は，遜言の長子維藻が挙人に合格したのを記念して 1825（道光 5）年に第 3 進を増築した際に，これを「悦記」と称したことに由来する。

祭祀公業陳悦記の構成員である派下員は，高齢者もいるために常時その数に変動があるが，2001（民国 90，平成 13）年の段階では 220 名程度である。埣海を祖とし，その 3 人の男系子孫が 2 世として房を形成しているので，房は族譜上，長房，次房，三房の 3 つに分かれる。長房には 7 人，次房には 2 人，三房には 6 人の男系 3 世が生まれているので，それぞれの房の男系子孫である派下員の人数は，房によってかなりの差がある。2001（民国 90，平成 13）年段階で派下員の多くが属する第 7 世を取り上げて数えてみると，長房が 125 名と最も多く，次房は 31 名，三房は 57 名である。公業の管理は 3 名の派下員が管理委員会を構成して共同管理に当たっている。

老師府は，広大な土地と建物であるから大きな財産であるが，現に 39 軒の

陳氏一族が居住しており，それ自体が解体整理の対象となったのではない。同公業が台北市内湖区に所有する林地が整理の対象である。内湖区は，台北市の北東に位置する地域で，中華民国期になり，農地から住宅地へと徐々に変容してきたが，1990年代中頃から先端産業の研究開発施設や工場の立地が進み，これに伴って住宅や大型ショッピングセンターが建設されるようになった。また，数年前から地下鉄の延長工事も進められており，完成後は交通の便も良い住宅地へと変化することが予測されている。これに伴って人口も，1968（民国57，昭和43）年に4万人弱であったのが，1990（民国79，平成2）年には20万人弱となり，2001（民国90，平成13）年には25万人強と増加している。台北市中心部の住宅商業地である中山区の人口が1968（民国57，昭和43）年に21万人強，1990（民国79，平成2）年に23万人強であったのが2001（民国90，平成13）年には22万人を割り込むようになったのと対照的である。このように，内湖区の開発が進められた結果，この林地が台北市第64号公園の造成地に当たることから，市による土地収用が行われることとなった。対象となった祭祀公業の土地は内湖区康寧段三小段の計6筆の林地である。総面積は13846平方メートルであり，収用は2度に分けて行われた。第1回目の収用対象となったのは，2172平方メートル，収用価格152301596新台湾元である。第2回目の収用は，残りの11674平方メートルに対して行われ，収用価格は608106096新台湾元であった。日本円に換算すると，総額で30億円近い膨大な金額が祭祀公業陳悦記に入ることになるので，その分配，利用についての合意を得るために，2001（民国90，平成13）年6月に臨時派下員総会が開催された。ここで，収用金の使用について，次のように決定された。

1　100分の50を派下員に分配する。
2　100分の25で老師府重整基金を設置し，古跡の修理と居住者の補償に当てる。
3　100分の15で財団法人基金会を設置する。
4　100分の5で納税及び祭祀費用を支出する。
5　100分の5で整理に関わる弁護士費用，日常業務の費用に当てる。

派下員への分配方法は，16分の7を七大房に配分し，残りの16分の9を

213名の派下全員に均分するというものであって，伝統的な方法である房数による配分とは大きく異なっている。多数の合意を得るためには収用金額の一部を派下員全員に公平に分配するという方法を採らざるを得なかったのである。4に示された祭祀費用は，2001（民国90，平成13）年度における祭祀費用のことであって，将来にわたるものではない。将来における祭祀と一族の団結という祭祀公業本来の目的は，3に示された財団法人の設立に関連するものとして取り扱われた。

　財団法人としての祭祀公業の設立については，すでに1958（民国47，昭和33）年，内政部及び台湾省政府が「財団法人は出捐者が特定の目的を持って設立するものであり，祭祀公業が財団法人を設立する目的は，子孫が祖先を祭祀することであるから，民法の規定に基づいて，財団法人を設立することができる」として承認するところである。また，「祭祀公業土地清理要点」も，その第23点に，「新設の祭祀公業は財団法人としなければならない」と規定し，祭祀公業の財団法人化を認めている。祭祀公業陳悦記は，このような政府の方針に従って，財団法人台北市陳悦記基金会と名称を代え，維持されることとなった。本財団法人の基金は，祭祀公業陳悦記の捐助によるものであり，発足当初の金額は22845154元である。全22か条から成る組織章程を見ると，同財団法人の目的は，「祭祀を維持し，祖先の墳墓を補修し，老師府の保存と永続的発展を図り，祖徳を称え，一族の睦を篤くし，一族の福利を増進し，団結互助の精神を樹立するとともに，社会文化教育及び公益慈善事業を行うこと」にある。

　本来，一族の財産を基金としているにもかかわらず公益性が盛り込まれているのは，民法上の財団法人には公益性が要求されているからである。実際には，公益性は副次的なものであって，祖先祭祀と一族の団結の維持が最も重要な目的である。これが，財団法人の目的として明記されたことからも分かるように，祭祀公業の土地の解体整理は祭祀公業が伝統的に有してきた祖先祭祀と一族団結という，本来の目的を解消するものではなく，財団法人として姿を変えつつも維持されているのである。また，組織章程第19条に，「本会は永久に存在する」とあるように，存続期間は定めがなく，永久とされている点でも，伝統的な祭祀公業の特徴を維持している。なぜなら，享祀者である祖先が公業として

設定した財産の処分を永久に禁じ，これを財政的基盤として祭祀を営々と継続して営むことこそが祭祀公業設定の目的であるからである。

　このように伝統的な形態を維持しながらも，いくつかの点で伝統的な祭祀公業とは異なる特徴も見られる。すなわち，第1の特徴は，派下員たる資格である。組織章程第6条に，派下員が死亡したとき，又は資格の譲渡を希望したときは，「1　最も近い親等の直系陳氏の卑属，2　配偶者」の順で派下員たる資格が継承されることが明記されている。伝統的に，派下員たる資格は男子のみに認められてきた。しかし，第6条の1号により，女子の子孫も派下員となることが可能となり，また，2号により，配偶者も派下員となることができるようになった。このように，従来の伝統的な方式を改めたのは，管理人の説明によれば，第1に，男女平等の原則が強く作用していること，第2に現在の一夫一婦制と少子化という社会状況下では男子の子孫が生まれない家もあり，このような傾向が続くと将来的に派下員の減少が予測されるので，これを回避し祭祀公業の永続を願うからである。

　第2の特徴は，永久の存続を謳いながらも，組織章程第19条に，もし「特別の原因によって解散するときは，本会の財産は法により本会所在地の自治機関又は政府指定の機関団体に帰属し，いかなる個人又は私企業団体にも帰属しない」と規定しているように，解散することがあれば，財団法人の財産は会員間で分配されないことである。もちろん，これは財団法人の財産に限ったことであって，老師府の土地はこれに含まれないし，墓地もこれには含まれない。これらの土地は，依然として伝統的な祭祀公業により所有されているからである。

　以上に見たように，財団法人陳悦記においては，祖先祭祀という祭祀公業本来の目的が維持されており，その意味で，祭祀公業の土地の解体整理が祭祀の断絶につながるわけではない。とは言え，祭祀の永続性を担保するには派下員の確保が重要であり，今日の少子化傾向に対応した派下員資格の認定が必要であることから，広く女子及び配偶者にも派下員資格を授与するとしている点で，伝統を墨守するだけでなく現代社会への適応が認められる。

4　財団法人祭祀公業の新設

　祭祀公業は，典型的には土地を所有する祖先が死後の祭祀の永続性を願ってその一部を相続対象とせず，公業として処分を禁じ，その収益によって子孫が祭祀を行う制度である。ところが，中華民国時期になると，このような特定の祖先の財産を基礎とし，血縁同族集団を構成員とする祭祀公業ではなく，同姓の複数の人々の出資によって基金を作り，これを祭祀公業と呼ぶ例が見られるようになった。同姓であることを理由とするいわば擬制的な血縁組織は，日本統治時代には祖公会と呼ばれていたが，今日では宗親会と呼ばれている。財団法人台湾李氏宗祠もこのような例である。

　台湾における李氏は，唐の高祖李淵らを出した隴西（甘粛省）李氏の末裔とされ，多くは閩，粤の両地域から明の天啓年中以降に台湾に移住してきたとされる。台湾には陳姓に次いで多数の李姓の人々が居住しているが，1960 年代中葉まで李氏の祖先を祭祀する宗祠はなかった。陳，林，王，高，呉，許，楊，謝などの各姓がすでに宗祠を有し，祖先祭祀と一族の団結を実現しているにもかかわらず，李姓の人々の間で建祠の話が持ち上がっても種々の理由から実現にいたらず，多くの李姓の人々が宗祠を持てないことに不満を抱いていた。このような状況の下で，フィリピンの隴西李氏総会の 25 周年祭に招かれた台湾の李氏たちが宗祠建立の必要を強く感じ，フィリピンの李氏総会から 2 度にわたり寄せられた寄付金 35 万元を基金の一部として財団法人隴西堂籌備委員会を結成した。発起人としてこれに参加したのは，それぞれ 5 万元を捐助した 10 名の李姓の人々であった。これにフィリピン李氏宗親会名誉会長の李峻峰を加えた 11 名が事実上の設立者として宗祠建立のための土地の選定，資金の調達及び賛同者の募集に奔走した。その結果，1964（民国 53，昭和 39）年 9 月 20 日までに 743 名から 258 万 3800 元が寄せられることとなった。宗祠建立のための土地は 4 箇所の候補地のうちから聖裁により台北市南京東路 3 段に 173 坪の土地を購入し，ここに延べ 700 坪余の宮殿式 6 階建てのビルを建設することとしたが，すでに寄せられた寄付では 200 万元ほどの不足が生じた。そこで，

再度募金活動を行うとともに，当面の不足については発起人が連帯して銀行から借り入れを行い，1964（民国 53，昭和 39）年末に着工，1967（民国 56，昭和 42）年に落成した。

　一方，このような計画を進める母体である財団法人については，財団法人隴西堂籌備委員会を発展的に解消することとし，1964（民国 53，昭和 39）年 5 月に 160 名の李氏が集まって董事と監事を選出し，新たに財団法人としての認可を申請した。8 月に認可が下り，ここに財団法人台湾李氏宗祠が成立した。本財団法人は，どのような目的を持ち，どのような内部組織によって，どのような事業を運営しているのであろうか。台湾李氏宗祠捐助暨組織章程を中心に見ていこう。

　財団法人台湾李氏宗祠は，組織章程に示されているように，「毎年，李氏宗祠の春秋二度の祭礼を執り行い，もって祖徳を高め，宗族の誼を厚くし，宗族の福利を増進し，社会公益事業を執り行い，中華文化の復興に寄与する」ことを主な目的としている。社会公益事業の実施は，財団法人に求められる公益性を明示したものであり，これが主目的ではない。最も重要な目的は，春秋 2 回の祭礼の実施と，李姓の人々の団結の維持である。

　会員は，李姓を有し，原則として台湾に居住又は本籍を有している者である。族群，すなわち福建系であるか客家であるか，あるいは本省人であるか外省人であるかといった，出身に関わる差別は一切なく，李姓を名乗る者であれば誰でも参加資格を有するが，それだけでは十分ではなく，本宗祠に位牌を安置し，祭祀する者でなければならない。位牌は，ビルの 5 階の玄元殿に安置されており，向かって正面に安置する場合は 20 万元，左右の側壁に安置する場合は 5 万元の費用を支払う。もちろんその支払いは 1 回限りであり，通常はこれ以外に寄付金を支払うことはないが，日常参拝するときは線香代程度を寄付するほか，結婚式などがあると若干の寄付をすることもある。このような会員は，1997（民国 86，平成 9）年の段階で 1204 名であり，現在はそれよりも 100 名程度増えている。会員となるのは一家に 1 人であり，一家の最年長者が会員であると，その子，孫，配偶者など，会員に与えられる利益を享受するものは数十人に及ぶ。概算ではあるが，家族を含めるとおよそ 1 万 5000 人の李姓の者が

本財団法人に関係している。会員資格を有する者が欠けたときは，その親族の1人が順次会員資格を継承する。通常は男子が継承するが，女性が継承することも可能である。

　日常の事業は，董事会と監事会によって運営されている。董事会は，董事，常務董事，副董事長，董事長によって構成されており，それぞれ15名，10名，4名，1名の定員である。董事となる者は董事会において選出されるが，その資格並びに選出方法については，組織章程第14条に次のように規定されている。

　　1　本法人の宗親で，宗祠のために服務する願望を有する者は，毎回の董事任期満了の3ヶ月前に書面を以て申請を行い，董事会が申請人の人格・道徳精神・奉献服務精神について評価した後，「元老会」の諮問を経て董事会が決議し，新任の董監事とする。
　　2　建祠発起人10名の宗老の犠牲と奉献精神を追想するために，各発起人の直系後嗣が引き続き尽力する意思のある場合は，1人を推挙し，董事会において新任の董監事を選出する際に優先的に考慮する。

　ここに見られるように，董事会の構成員は，建祠発起人の子孫たる会員が優先的に任じられる。その意味において，多くの事例で輪流管理が行われている伝統的な祭祀公業の管理方式とは一線を画している。享祀者の血縁による組織ではないので，房という概念が存在しないことにも原因があろう。

　監事会は会計監査等を行う機関であるが，重要事項の決定は毎月1回開催される常務董事常務監事合同会議によって行われており，実際には董事であるか監事であるかにかかわらず，役員が共同して法人の運営に当たっている。

　本法人の事業は先に見た主目的に関連して，組織章程第4条に以下のように詳細に掲げられている。

　　1　毎年春秋2度の定期祭礼を行い，祖先を祭祀する。
　　2　分祠を建立し，運営管理する。
　　3　族譜を編纂する。
　　4　宗親による祖先の霊位の安置を執り行う。
　　5　宗親の紛争を調停する。
　　6　貧困，病気，物故した宗親又はその直系親族を援助する。

7　奨学金を設け，優秀な子弟に給付する。
　8　老人福祉基金を設け，高齢の宗長に配慮する。
　9　文化発展基金を設け，固有文化を発揚する。
　10　その他，社会公益及び福利に関する事業を行う。

　この諸事業に見られるように，祖先祭祀は本財団法人の重要な事業ではあるが，そのすべてではない。公益事業は財団法人であることに付随するいわば副次的な事業であるが，第6号に記された物故会員の親族の援助，第7号の李姓の学生に対する奨学金の給付，第8号の老人福祉は，同族の結合を維持し，相互に援助し合うことを目的とする事業である。実際，奨学金は，現在50名の大学生に対し各8000元を支給し，敬老金は，80歳以上の者約150名に各6000元，90歳以上の者約30名に1万元，100歳以上の者には2万元を支給している。さらに，貧困家庭の子弟の進学あるいは家計急変者に対しては，随時必要な援助を行っている。さらに，上記の事業項目には直接的な形で明記されてはいないが，李姓の者が選挙に立候補するときは，人的応援だけでなく，金銭的な応援も行っている。1996（民国85，平成8）年に初めて行われた国民直接選挙による総統選挙では，本財団法人の会員ではないが，李姓を有する李登輝候補に対して50万元の選挙資金の提供が行われている。また，海外の李氏宗親会等との親睦，交流も活発に行われており，会員相互の経済活動の展開に寄与している。

　以上に見たように，本財団法人は，特定の享祀者を有する祭祀公業ではなく，同姓の者の集合体という意味において，むしろ宗親会としての特色を有するものではあるが，祭祀公業という名称を付し，会員として参加している同姓の物故者全員を祭祀している。その事業活動を見ると，祖先祭祀は重要な一部ではあるが，事業のすべてではなく，むしろ同姓の会員相互の援助が重視されている。姓を同じくするというだけの擬似的血縁組織ではあるが，相互援助型の活動を通じて同姓の結合が緊密化していると言えよう。

5　祭祀公業の将来

　戦後，中華民国統治下の台湾において，土地改革と都市化の進展に伴って祭祀公業は多くが解体整理されていった。とりわけ土地法と「祭祀公業清理要点」が，祭祀公業の土地の所有形式である公同共有について，共有者全員の意思の一致を必要とせず，過半数の一致により処分が可能であるという制度を採ったことにより，解体整理が促進された。しかしながら，祭祀公業の土地の解体整理は直ちに祖先祭祀の廃止につながるものではなかった。本章で見たように，近年の強制収用による祭祀公業の土地の整理は，巨額の金銭が祭祀公業に入ることから，この金銭を基金として新たに財団法人を設立して祖先祭祀を継続することを可能にした。さらにまた，宗親会とも言うべき同姓集団が財団法人を設立してこれを祭祀公業としている例も見られた。その意味において，祭祀公業は，かつてのように土地を財政的基盤として祖先祭祀の永続性を図り，これにより血縁関係にある者達が紐帯を維持していくという方式から，金銭による基金を財政的基盤として祖先祭祀と血縁又は同姓の紐帯を維持していく方向に変質してきていると言えよう。

　このような変容は，当然に伝統的に祭祀公業に見られた特徴にも変質をきたしている。派下員資格が女性にも認められるようになったのも，その一例である。一夫一婦制や少子化といった台湾の現代社会に普遍化しつつある現象がこのような傾向を助長していることも確かであろう。また，土地の強制収用によって生じた金銭を伝統的な房份によって分配するのではなく，その一部を派下員に公平に分配するのも，土地処分についての合意を得やすくする方法と見てよいであろう。

　ところで，台湾に今なお多数残されている祭祀公業が，今後すべて財団法人化していくかというと，必ずしもそうは言えないであろう。一例を示したように，伝統的な方式を維持していこうとする祭祀公業も残っていくことと思われる。財団法人であれ，伝統的な方式であれ，それらに共通しているのは，祖先祭祀と血縁の紐帯の維持である。台湾の漢人社会が伝統的に有してきたこれら

の要素は，経済発展と都市化，さらには核家族化という台湾社会の変容の中でも，依然として守られ続けているのである。

第3部　台湾人の法観念

第1章　台湾における罪観念
――『玉歴鈔伝』の描く罪とその予防――

1　勧善懲悪思想の復活

　台湾には7700以上もの廟がある。廟というのは，道教の信仰に基づいて建設された宗教施設であるが，修行と教義の学修を目的とする道観とは異なり，宗教家としての活動を専業とする者はおらず，生業を他に持つ者たちによって管理されている。祭神は，福建省から海を渡って渡来した台湾人たちにとっての航海の安全の神である媽祖や，商売の神でもある関帝など，個人の宗教のいかんにかかわらずほとんどの台湾人の信仰を集めている神々だけでなく，およそ道教において神と称されるあらゆる神が祭られている。通常，1つの廟には，これらの神が複数祭られ，中には阿弥陀如来などの仏像を併祀するところもある。その設立も，地縁や血縁を主体とするもの，同業組合を主体とするもののほかに，個人の篤志によるものなどさまざまであり，規模も，千坪以上の敷地を持つものから，ビルの一室にあるものまで，実に多様である。
　これら台湾の全地域に存在する廟には，参拝者への無償配布を目的とする書籍や経典が多数置かれている。本章で取り上げる『玉歴鈔伝』もその1つであり，とりわけ，規模の大きな廟では，幾種類もの刊本が施与され，人々は自由にこれを手にし，持ち帰ることができる。
　『玉歴鈔伝』という書物は，後に詳しく見るように，儒，仏，道を融合した台湾人（あるいは漢族）の世界観に基づいて死後の審判の様子を描写することによって，現世における勧善懲悪を勧める書物である。したがって，儒，仏，道からなるさまざまな儀式や祭礼あるいはタブーが日常生活に溶け込んでいる台湾において，この種の書物が流布するのは容易に理解できるところである。ところが，最近，中華人民共和国において刊行された類書に接する機会を得た。

1980年代の改革開放政策以降，史的唯物論から事実上訣別しつつある同国において，かつて多数の中国人の世界観念の基礎となっていた儒，仏，道への回帰が見られるようになったのはごく自然なことであろう。しかし，その序文に次のような叙述があるのを目にすると，単に宗教上の問題としてこのような書物の出現を見ることはできないであろう。

> 法律や法制度がますます健全なものとなっている今日において，なぜ依然として犯罪率は高いのか。警察力は強化されているのに，なぜ犯罪を有効に制御できないのか。国民の教育程度は日々高くなっているのに，なぜ人々の道徳観念は日々低下しているのか。犯罪の増加は人心道徳観念の没落の反映であり，「善には善の報いあり，悪には悪の報いあり」という因果応報思想が人々に欠けていることの反映であり，それゆえに悪事が多く社会が乱れているのである。人心を改めなければ犯罪は減少しないであろう。法制の建設と警察力の増強は単に枝葉のことでしかないのであって，人々の教化こそが社会病理治療の根本である。そして人々を改める妙薬は，やはり善悪因果応報観念の高揚なのであり，人々が心底から善悪因果応報の真理を信じるならば，悪事をなそうとはせず，善に努めるのである。

さらに，2001（平成13）年1月10日に江沢民が全国宣伝部長会議の場で示した「以徳治国」の政策と，これを受けて提示された「公民道徳建設実施綱要」に触れて，次のように述べる。

> 因果観念の樹立は人心を治める道徳的内因であり，法制の建設は行為の外因である。内因と外因とを併せて実現することによって，すなわち源泉と支流をともに治めることによって，社会主義精神の建設と「以徳治国」の政策の実施を積極的に推進することになるのである。

ここに見られるように，犯罪を抑止し，社会秩序の維持を図るために，同書の勧善懲悪思想の普及と法制度の充実を平行して進めようとする考え方が，今日の中国大陸においても現れてきていることは，かつて儒，道，仏が中国社会の普遍的思想であったことに鑑みて，大きな意味を有することと言えよう。台湾において多数の刊本が施印され，そして中国大陸においても見られ始めた『玉歴鈔伝』とは，どのような書物なのか，そこに描き出された因果応報思想はど

のようなものであり，現世におけるどのような行為が罪ないしは悪事として認識されていたのか。本章では，『玉歴鈔伝』を手がかりとして，台湾に代表される漢族社会の罪に関する観念と犯罪の防止について検討する。

2 『玉歴鈔伝』の概要

『玉歴鈔伝』は，人間が死後に歩む冥界の模様を述べた部分と現世における行為に対する来世における応報について述べた部分とを必ず含む書物である。澤田瑞穂は，『玉歴鈔伝』について，「"勧善書"と呼ばれる通俗的な宗教書・教訓書を種本とし，儒釈道三教を混融して庶民に伝導する役割を持っていた」と説明し，「"玉暦"とは善悪記録簿の意。各地の善士が雑多な応験記や勧世文の類を前後に附けて重刊したもので，地獄十殿の図像を持つのが特色である」と説明する。また，平易な文章を用いて勧善懲悪を庶民に説き，無償で配布されるものであるから，「善書とは勧善懲悪のための民衆道徳及びそれに関連する事例，説話を説いた民間流通の通俗書のことである」との定義に従えば，『玉歴鈔傳』はまさしく善書と呼ばれるに値する書物である。

『玉歴鈔伝』と通称される書物にはさまざまな種類があり，書名も一定しているわけではない。川崎ミチコの調査によると，台北市の古刹であり，台湾を代表する廟の1つである龍山寺で無償配布されているものだけでも，『玉歴宝鈔』，『玉暦宝鈔』，『人生宝鑑』など書名は多様であり，またたとえば，同じ『玉暦宝鈔』という書名を付された書物であっても何種類もの刊本があり，内容・体裁に若干の差異があることもある。とは言え，少年少女向けの絵本版を別にすると，その構成はほぼ一致していると言って差し支えない。筆者の手許にある『玉歴宝鈔』（福峰図書光碟有限公司印刷 2005年4月）は，次のような構成をとる。

　　第1章　　重刊玉暦宝鈔的縁起
　　第2章　　玉暦的図像
　　第3章　　為何有玉暦
　　第4章　　玉暦的内容

             1 第一殿　秦広王
             2 第二殿　楚江王
             3 第三殿　宋帝王
             4 第四殿　五官王
             5 第五殿　閻羅天子
             6 第六殿　卞城王
             7 第七殿　泰山王
             8 第八殿　都市王
             9 第九殿　平等王
            10 第十殿　転輪王
　第 5 章　玉暦流伝的経過
　第 6 章　玉暦的価値與流伝的考証
　第 7 章　玉暦的事理可與各家庭学説互為印証
　第 8 章　奉行，印贈玉暦的善報
　第 9 章　不信玉暦的悪報
　第 10 章　欲除去玉暦上所記載苦厄的弁報

　第 1 章は，過去に印行された『玉歴鈔伝』に付された序文を 6 種類掲げる。最も古いものは，1905（光緒 31）年の浙江寧波府鎮海県の楊学棣の手になるものであり，『玉歴鈔伝』を印行したおかげで母が百歳の長寿を得，子供たちの事業も順調であるなど，印行，施与の果報を述べている。他の序文も同様の内容であり，『玉歴鈔伝』印行の功徳とその応報を説いている。第 2 章は，27 葉の図像を収めている。馬面，牛頭，夜遊巡，日遊巡など冥界の吏員を擬人化した図，第 4 章の地獄十殿の図，天道から地獄にいたる六道図など，見るだけで恐怖を覚えるような図が連続して収められている。第 3 章は，冥界の衆生を教化するとされる地蔵王の慈悲心について述べ，現世における善行が多ければ輪廻の後天道を歩むことが許されることを説く。第 4 章は，地獄十殿について詳細に論じた部分であり，台湾台中近郊にある九華山化城寺の壁面に掲げられている地獄十殿図の写真も収めている。第 5 章は，地獄，とくに小地獄についての巷間の誤解を正し，観世音菩薩を引き合いに出して一切衆生の成仏の可能性を説く，仏教と道教の混合した部分である第 6 章は，『玉歴鈔伝』が宋代以降流布したことを考証する部分であるが，その真実性は定かではない。第 7 章は，

儒教，仏教，及び隋史，宋史などの史書に見られる因果応報について述べる。第8章は，善行に対する応報としての果報についての事例を多く集めている。第9章は，悪行に対する応報の事例を多数掲載している。第10章は苦厄を除去する方法について簡単に説明している。

『人生宝鑑』(牟尼文化有限公司出版1991年初版)も，構成はまったく同一である。内容についても，字句に若干の相違がある点を除けば，ほぼ同じである。

『玉歴鈔伝』は，以上に概観したような構成をとる善書であるが，第4章に詳細に描き出された地獄十殿には，現世における罪の応報としての苦が描き出されており，そこには台湾人（ないしは漢族）が意識する罪の観念が見出される。そこで，次に比較的詳しく，これについて検討していこう。

3　地獄十殿と罪

『玉歴鈔伝』の重要な構成部分をなすのが，地獄十殿とそこにおける裁き，そして現世における罪の因果応報としての苦厄である。人間は死とともに冥界に入るのであるが，その際，第一殿から第十殿にいたる地獄を支配する王によって現世の諸々の行為について審判を受けなければならない。順次これを見ながら，どのような悪行が来世における苦厄に該当する罪であるかについて検討していこう。

第一殿は，秦広王の管掌する地獄である。秦広王は，人間の長寿と夭折，出生と死亡に関する戸籍を管理しており，その裁きの場である鬼判殿は西方の黄泉に至る道にある。現世において善を多く為した者はここにおいて審判を受けた後，直ちに西方浄土へと進んでいく。善も為し，悪も為し，功罪相半ばする者は輪廻を司る第十殿に移されて審判を受ける。その結果，未来において再び人間として生まれることが許されるが，現世の所業に応じて男が女に，あるいは女が男に生まれ変わることもある。しかし，悪行の多かった者は，ここで鏡に現世の行状を映し出され，第二殿から始まる地獄へと移される。このように，第一殿はすべての人間が死後必ず通過する場として位置づけられているのであるが，ここにおいてとくに明記されているのが，自殺者の罪と，金銭を得て経

典を唱える出家僧や道士が経典の字句を間違ったり遺漏したりする罪である。

　自殺は，現行法では法的非難の対象となる行為ではないが，『玉歴鈔伝』においてはとくに重大な罪と観念されており，次のように説明される。すなわち，天地が人間の生命を与えてくれたのであって，父母が養育してくれたことの恩恵は山よりも高い。父母の恩，天地の恩に報いないうちに，些細な怨恨であるとか，犯罪の嫌疑をかけられたからという理由で自殺し，あるいはまた死刑に処せられるほどの罪ではないのに他人を傷つけたという理由で軽はずみに自殺するようなことがあれば，死後の裁きにおいて飢餓と渇きの責めを受ける。自殺者は死の瞬間に苦痛を味わうだけでなく，死後70日，あるいは場合によっては1，2年後に霊魂を引き裂かれ，死後の安楽を求めて彷徨いながら悔恨の責め苦を味わう。そして，このような死者は来世において食事を与えられることもなければ，現世に生きている親族縁者からの供物を受け取ることもできない。

　このように説明して自殺を戒めるのであるが，この説明には台湾に生き続けている仏，道の融合信仰に特有の死生観が現れている。すなわち，人間は死によって永遠に人間としての価値を失うわけではない。死後には，来世における生が待っている。来世を生きる人間は，現世を生きる人間と同じように生活の糧を必要とする。しかし，来世を生きる者は自らの手で生活の糧を得ることができないので，現世に生きる人間，とくに子孫からその提供を受けなければならない。食料だけでなくお金も必要であるから，子孫らは廟の金炉で冥界の紙幣である金銭，銀銭を燃やす。日常的に廟に参拝し，冥界にある祖先に供物を捧げている台湾人にとっては，死後に子孫からの供物を受け取ることができないということは自らの永遠の死を意味するものであって，もっとも忌避されるべき事がらである。自殺の戒めとして，これに勝るものはないであろう。

　第二殿は，楚江王の管掌する地獄である。楚江王は，黒雲沙小地獄，糞尿泥小地獄，飢餓小地獄，剣葉小地獄など16の小地獄を併設する活大地獄を支配している。これらの小地獄の苦を味わうことになるのは，現世において次の7種類の罪を犯した場合である。すなわち，(1)少年少女を騙って誘拐する罪，(2)他人の財物を欺いて窃取する罪，(3)人の耳目，手足を損壊する罪，(4)治療効

果の不明な医者や薬物を紹介して不道徳な利益を得る罪，(5)壮年の婢女が贖金を支払うことなく自由の身となる罪，(6)結婚に際し，相手方の地位や財産を目当てに，故意に年齢を偽って結婚する罪，(7)男又は女の一方に感染病や悪疾，盗癖などがあるのを知りながら，仲介料が欲しいためにそれを偽り，結婚の仲介を為す罪。

　これらの罪を犯した者は右に例示した16種の小地獄で苦痛を味わうことを余儀なくされる。そして，その刑期が満了すると次の第三殿に移されて刑罰を加重され，一層の苦しみに苛まれる。しかしながら，すべての罪ある者がこのような苦を甘受しなければならないわけではない。現世において，『玉歴鈔伝』を無償で印刷，配布し，あるいはその内容を他者に説いていれば第三殿に移されることはなく，直ちに輪廻を管掌する第十殿へと移される。病人を看病したり，困窮者に施しをする等の善行があるときも又，同様に直ちに第十殿へと移される。ここに述べられているように，『玉歴鈔伝』の無償印行はこれをなした者の贖罪，換言すれば来世における救済の保証としての意味を有しており，それゆえにこそ多数の刊本が現存しているのである。

　第三殿は，宋帝王の管掌する地獄である。ここも，第二殿と同様に控眼小地獄（眼球を抉り取る小地獄），刖足小地獄（足首を切断する小地獄），吸血小地獄，撃膝小地獄など16の小地獄を併設している。この地獄に配されるのは，次の18種の罪を犯した者である。すなわち，(1)公務員が利益をむさぼろうとして道義を忘れ，愛国，愛民の心を失う罪，(2)その地位にあるときに上官に忠誠を尽くさず，背反の心を持ち，あるいは人命を尊重しない罪，(3)夫が道義的行為をなさず，あるいは妻が言説に従順を欠く罪，(4)養子が養育の恩義があるにもかかわらず，財産を手にすると恩義を忘れ，直ちに実父母の許に帰る罪，(5)人に委託を受けた者が，その委託に背反すること，(6)職員又は下級の官兵が上司又は長官に背反する罪，(7)使用人が同僚とともに詐欺取財する罪，(8)脱獄又は護送中に逃走する罪，(9)風水を理由として死者の埋葬や出棺を阻止する罪，(10)土葬のために墓穴を掘るときに，地下に別人の棺や遺骨があることがわかったにもかかわらずこれを止めず，他人の遺骨を傷つける罪，(11)公金や公の糧食を盗んだり，意図的に改竄して記帳する罪，(12)祖先の墓地を掃

除しないために，墓地であることがわからなくなる罪，(13)他人を教唆して法を侵させたり，争いごとを生じさせたりする罪，(14)匿名の投書により，他人を誣告したり非難したりする罪，(15)広告や文章を用いて他人の名誉を毀損する罪，(16)結婚を辞退する証書を捏造して，婚約の解消に手を貸す罪，(17)契約書や書簡を偽造して，他人の金銭や債権を詐取する罪，(18)他人の署名を模倣したり，他人の印章を偽造して，損害を与える罪。

現世においてこれらの罪を犯した者は，まず大地獄の苦を味わった後その事情の軽重に応じて各種の小地獄に配される。刑期満了後，刑罰を加重する必要のある者については第四殿の地獄に送り，さらに苦厄を強いることになる。これを免れるためには，現世において宋帝王の生誕日である2月8日に2度と罪を犯さないという趣旨の請願を行っておかなければならない。

第四殿は，五官王の管掌する地獄である。ここもまた，大地獄のほかに砂池小地獄（激流と石の舞う小地獄），沸湯澆手小地獄（煮えたぎった湯に手を漬ける小地獄），断筋剔骨小地獄（筋を切断され，骨を抉り出す小地獄）など16の小地獄がある。この地獄に配されるのは，現世において次の22種の罪を犯したものである。すなわち，(1)税を納入しない罪，(2)家賃を支払わない罪，(3)買い物をするときに計量を偽り，安く買う罪，(4)偽薬を調合したのに真薬を売る振りをして，人を病気にかからせる罪，(5)水分を多く含ませた米を良い米だと偽って売る罪，(6)買い物をするときに贋金を商人に支払う，あるいは小銭を支払わない罪 (7)人心を惑わし，虚栄の思いを抱かせるような香油，香水などの物品を販売する罪，(8)道路や車上で障害者や老人を見たときに，直ちに路を譲ったり座席を譲ったりしない罪，(9)世故に疎い田舎者や老人，幼児あるいは苦労して薄利を得る行商人を騙して利益を得る罪，(10)人に手紙を届けるよう頼まれたのに急いで手渡さないために，情報伝達の用をなさない罪，(11)街道上の道標や街灯を盗み，交通に危険を与える罪，(12)経済的に困窮している者が己の分を守らず，途方もなく大きな財を得ようと図る罪，(13)富める者が老人や困窮者を憐れまず，救済しない罪，(14)借金を申し出た人に対して貸すと言っておきながら，貸す段になると故意に貸そうとしないために，その人の家に大きな問題を招来せしめる罪，(15)病人を見つけながら，家にある薬を吝しんで

提供しない罪，(16)薬効の著しい薬を秘蔵して，人に伝授しない罪，(17)薬の煎じかすや壊れた茶碗などの廃棄物を街路上に捨て，人や車の往来に影響を与える罪，(18)驢馬や馬などの家畜を正しく飼わずに，尿や糞によって人の往来を妨げたり環境衛生に害を及ぼす罪，(19)田を耕作できないときに人に貸すことをせず，田を故意に荒廃させる罪，(20)他人の垣根や壁を損壊する罪，(21)まじないや法術によって人を恐怖に陥れる罪，(22)驚かせるような言葉を濫用して，人を驚愕させる罪。

以上の22種の罪を犯すと，まず大地獄に落とされた後，それぞれの罪に応じて所定の小地獄の責め苦を味わわされ，刑期満了後に第五殿に送られることは，第四殿までの状況と同じである。なお，現世において毎年，五官王の生誕日である2月18日にこのような罪を犯さないことを請願すると，小地獄の苦しみから免れることができる。

第五殿は，閻羅天子，すなわち閻魔大王の管掌する地獄である。ここにも，大地獄のほかに人間の心を誅する16の小地獄がある。その小地獄に配されるのは，次の19種の罪を犯した者である。すなわち，(1)因果を信じず，他人が善行を為すのを阻止する罪，(2)寺廟に参詣して香を手向けると言いながら，そこで他人の善悪や是非を話題にして話し込む罪，(3)勧善の書物や文章を焼却する罪，(4)神，仏を礼拝するときに獣肉を食する罪，(5)他人が念仏を唱えるのを嫌がり，呪詛する罪，(6)普渡（日本の盆に当たる）や観音法会のような仏事を行うときに，潔斎し，身，口，心を清浄にしない罪，(7)仏教，道教を学修する者を誹謗する罪，(8)文字を読める人が古今の応報の故事についての文章を認めようとせず，文字を読めない婦人や児童に教えない罪，(9)他人の墳墓を掘削し，掘り跡をならしてそれとわからないようにする罪，(10)放火して山林を焼き，あるいは火の用心を怠り失火して近隣の家屋を延焼する罪，(11)弓や槍を用いて禽獣を射殺する罪，(12)病弱の者を無理に誘い，あるいは脅迫して体力を競い，この者を傷つける罪，(13)壁越しに瓦や石を投げ，通行人を傷つける罪，(14)毒薬を河水に投じて魚類を毒殺する罪，(15)鳥類を射殺する銃器や霞網，わなあるいは毒薬などを草地に放置する罪，(16)死猫や毒蛇などを地中深く埋めないために誰かが掘り起こし，それによってできた穴で人が命

を失う罪，(17)冬，春の凍てつくときに開墾したり土を掘って虫を凍死させたり，垣根を壊したり竈を作り直したりして人に寒さと飢餓を強いる罪，(18)私人であるのに官であると詐称して，民間の土地を奪う罪，(19)正当な理由なく井戸や水路を塞ぎ，人の飲料水に不便を来たす罪。

　これらの罪を犯すと，阿鼻叫喚の大地獄に入れられた後，事情によっては心臓を砕かれて小地獄に配される。刑期満了後，第六殿に移され，その他の罪について審判を受ける。ただし，魔羅天子の生誕日である1月8日に斎戒して二度と罪を犯さない旨の請願をしていれば，本殿の刑罰を免れることができるだけでなく，第六殿の地獄においても刑を軽減されることがある。

　第六殿は，卞城王の管掌する地獄である。ここにも，尿泥浸身小地獄，割腎鼠咬小地獄（鼠が腎臓を咬む小地獄），糞汗小地獄など16の小地獄がある。この地獄に配されるのは，現世において次の14種の罪を犯した者である。すなわち，(1)風雨を厭い，雷をののしるなど天地を恨む罪，(2)北方の天空に向かって大小便をしたり，泣いたりする罪，(3)神仏像の胎内に収められている宝物を盗む罪，(4)神仏像の金銀宝物を抉り取る罪，(5)神仏の諱や聖号を濫りに呼び叫ぶ罪，(6)神字の描かれた紙や経典を敬わず，大切にしない罪，(7)寺廟，道観，宝塔の前後に水をまいたり，汚物を積み上げたりする罪，(8)神仏を供養しているときに，厨房で獣肉などの不浄の物を料理する罪，(9)家の中に正理に反する書籍や，扇情的な書籍を所蔵する罪，(10)勧善の書籍や文章，器物を焼却したり汚損したりする罪，(11)太極図，日月などの神聖な図や卍模様などを器物や衣服に彫刻したり描いたりする罪，(12)着物に龍鳳の図を刺繍する罪，(13)五穀を浪費したり踏みつけたりする罪，(14)高く売ろうとして米穀を貯蔵する罪。

　以上の罪を犯すと，大地獄に入れられた後，事情によってさらに各小地獄の苦を受けなければならない。刑期満了後，第七殿に送られるのは従前に見た各殿と同様である。ただし，現世において，3月8日に精進して不浄を除去し，これらの罪を二度と犯さない旨の請願をなし，さらに5月14，15，16日，及び10月10日に房事を禁じ，他の者に自戒を勧めていれば，小地獄の苦刑を免除される。

次に，第七殿は，泰山王の管掌する地獄である。ここにも大地獄のほかに，犬咬脛骨小地獄，抽腸小地獄など16の小地獄が併設されている。第七殿の地獄に送られるのは，現世において次の15種の罪を犯した者である。すなわち，(1)淫情を催す薬物を調合して人を害する罪，(2)酩酊して常軌を逸し，暴力を働き，近親者に心労を覚えさせる罪，(3)浪費不節制のために先人の苦労の成果を一朝にしてなくしてしまう罪，(4)掠め取ったり，騙して販売したりして，金銭や財産を詐取する罪，(5)棺内の衣類や宝物を盗む罪，(6)死体や人骨を盗み，薬とする罪 (7)人の最愛の家族や親戚，友人を離散させ，会えないようにする罪，(8)気に入らない養子を他人に売って婢女や側室とさせ，その一生の幸福を奪う罪，(9)妻又は愛人の女性に出産を勧めず堕胎させ，殺生を犯す罪，(10)友人を賭博に誘って負けさせ，1つの家庭を貧困の苦に陥れる罪，(11)教師が学生を厳格に指導せず，他人の子弟の将来を誤らせる罪，(12)事が起こったときに，事情の軽重を考慮しないで力任せに学生，婢女，使用人を殴打して鬱憤を晴らし，これらの者に無用の苦痛を与え，恨みを残す罪，(13)財産があるのをよいことに村人を侮辱する罪，(14)酩酊して尊長に逆ったり，侮辱する罪，(15)罵り，雑言をはき，他人を風刺して争いを引き起こす罪。

　これらの罪を犯すと，大地獄の後，小地獄の苦しみを重ねて受けなければならない。ただし，現世において，泰山王の生誕日である3月27日に潔斎し，北方に向かって悔悟の請願をなし，さらに『玉歴鈔伝』を印行，贈与して人々を善へと導いていれば，本殿のさまざまな苦厄を免除される。

　第八殿は，都市王の管掌する地獄である。ここにも，大地獄に加えて断肢小地獄，爬腸小地獄（腸を抉り出す小地獄）など16種の小地獄がある。ここに配されるのは，ただ1種，孝道に悖る罪を犯した場合である。すなわち，両親が在世中にその面倒を見ない罪，両親の死後に葬儀を執り行わない罪がこれである。漢人社会，とりわけその伝統を色濃く残す台湾においては，孝道すなわち親孝行は何事にも優先されるべき子孫の義務として観念されている。近年でこそ，少子化と核家族化の影響により，安養院と呼ばれる公立，私立の老人福祉施設が見られるようになってきたが，年老いた親を自らの手で養うことは子としての務めであり，これを放棄することは社会的に，義務違反とのそしりを免

れない。本殿が、孝道違反という1つの罪のみを掲げるのは、このような漢人社会の社会通念を背景とするものと考えられる。なお、本殿においても、在世中に『玉歴鈔伝』を印行し、人々を教化していたならば、第九殿において再調査の後、輪廻を司る第十殿において再び人間として生まれ変わることを許される。

　次に、第九殿について見てみよう。ここは、平等王の管掌する地獄である。ここにも、大地獄のほかに、狗食腸肺小地獄（犬が腸や肺を食べる小地獄）、沸湯淋身小地獄（煮え湯の小地獄）など、16の小地獄がある。ここに配されるのは、次の7種類の罪を犯した者である。すなわち、(1)元首や帝王の制定した法律の各条のうち、十悪のような極悪の罪を犯したり、凌遅、斬頭、絞刑、銃殺に処せられる罪を犯すこと。これら世俗法上の犯罪を犯し、それに対応する刑罰を受けた者は、第八殿までの各殿で地獄の苦を強いられてから本殿に送られ、再度本殿の苦厄を強いられる。(2)家屋に放火し、家財、生命に危害を加える罪、(3)人心を惑わすような思想や方法を持ち、又は団体を組織し、あるいはモルヒネや大麻のような人心を麻痺させる薬物を製造する罪、(4)業として堕胎する罪、(5)業として少年少女を性犯罪に誘い、未発育で成熟していない心身を害し、あるいは未成年の少女に暴行を加える罪、(6)猥褻な図画や書物を著したり、映画を撮影したりして清浄な心を惑乱する罪。そして学生が勉学の心をなくしたり、修行者が道を修める心をなくす罪、(7)幻覚を引き起こす薬や、聴覚や言語能力を麻痺させる毒薬、あるいは堕胎薬のような社会に有害な禁止薬物を製造する罪。

　本殿においても、これらの罪を犯した者が、現世において、二度と罪を犯さない旨の請願を為し、4月8日又は毎月1日と15日に潔斎し、不浄を断てばこの地獄における責め苦を軽減される。さらに、『玉歴鈔伝』の内容を人に伝えれば、直ちに第十殿に送られて、輪廻の審判を受けるときに不利益を受けることがない。

　最後に、第十殿は転輪王の管掌する場である。ここにおいて人間が再度生まれ変わるときに、天道、人道を歩むのか、それとも阿修羅、畜生、餓鬼、地獄に配されるのかが決められる。六道の世界を描いた部分であり、具体的な罪と

それに対する地獄の責めについての叙述はない。

4 『玉歴鈔伝』に見られる罪の類型

　前節において，主として地獄十殿で死後の裁きの対象となる罪について見てきた。それは，決して今日の刑法学で言うところの犯罪に限られるわけではなく，儒，道，仏の混融を背景に，処世訓や宗教上のタブーまでをも含む幅広い類型の罪と称される悪行を包摂するものである。しかし，台湾人（漢族）社会において，寺廟参詣が老若男女を問わずあまりにも日常的な行為であり，それとともに『玉歴宝鈔』の描く世界観がこの社会に普及している事実を目にすると，来世における応報に対する怖れがこの社会の秩序形成に大きな力を発揮していることは疑いのないところである。そこで，次に，『玉歴宝鈔』の描く罪，換言すれば台湾人の意識の根底にある罪について，これを類型化してみよう。

　まず第1は，神仏の神聖性を犯す罪の類型である。たとえば，第六殿に示された，神仏の諱や聖号を濫りに呼び叫ぶ罪，神字の描かれた紙や経典を敬わず，大切にしない罪，寺廟，道観，宝塔の前後に水をまいたり，汚物を積み上げたりする罪がこれに当たる。第五殿に示された，勧善の書物や文章を焼却する罪，第六殿に示された勧善の書物や文章を焼却したり汚損したりする罪のように，『玉歴宝鈔』の神聖性にかかわる罪もこの類型に属せしめてよいであろうし，さらにまた，第五殿の仏教，道教を学修する者を誹謗する罪などもこの類型に入れてよいであろう。神仏は，福建省から身の危険を冒して海を渡って台湾に住み着いた人々にとって，大陸に居住する人々以上にその加護を身近に意識する存在であり，したがって，これを冒涜し，これを犯すことは社会的にも容認される行為ではない。これらの罪は，神仏に対するこのような帰依があるからこそ生まれる罪であって，道徳的，あるいは法的な意味での罪とは一線を画するものと言えよう。

　第2に，道徳的な意味における罪の類型である。これは純然たる道徳的なものと，背信的行為を道徳的観点から評価するものとに分かれる。純然たる道徳的罪としては，たとえば，第四殿に示された，道路や車上で障害者や老人を見

たときに直ちに路を譲ったり座席を譲ったりしない罪，富める者が老人や困窮者を憐れまず，救済しない罪，病人を見つけながら，家にある薬を吝しんで提供しない罪，などがこれに当たる。これらは社会道徳そのものであり，法的な意味で罪に該当する行為ではない。しかし，台湾で誰もが日常目にするように，電車やバスで学生が障害者や老人に即座に席を譲る社会習慣の根底に反道徳的行為を罪と意識する観念があると考えてよいであろう。次に，背信的行為を道徳的観点から評価して罪とするものには，たとえば，第六殿に示された，高く売ろうとして米穀を貯蔵する罪がこれに当たる。それに類するものとして，第三殿の，公務員が利益を貪ろうとして道義を忘れ，愛国，愛民の心を失う罪や，第七殿の，人の最愛の家族や親戚，友人を離散させ，会えないようにする罪，さらには，教師が学生を厳格に指導せず，他人の子弟の将来を誤らせる罪などをあげることができよう。公務員の清廉性や教師の義務をここに類型化することには問題があるかもしれない。しかし，各職務の本来あるべき姿に背反することに対し，道義的非難を与えるという意味で，ここに類型化することも可能であろう。

　以上に，宗教上の問題と道徳的問題を1つの類型として罪を見てきた。ところで，台湾には，家族と祖先を重視するという習慣がある。それは，宗教的確信に基づくと同時に，社会的慣行として今日にいたっているものである。そこで，次に，このような社会的慣行を基軸として2つの類型を見てみよう。第1は，家族に関するものである。第三殿に示された，夫が道義的行為をなさず，あるいは妻が言説に従順を欠く罪，養子が養育の恩義があるにもかかわらず，財産を手にすると恩義を忘れ，直ちに実父母の許に帰る罪がこれに当たる。第2に，祖先に関するものとして，墳墓の保護があげられる。第三殿の，祖先の墓地を掃除しないために，墓地であることがわからなくなる罪や，第五殿の，他人の墳墓を掘削し，掘り跡をならしてそれとわからないようにする罪，などがこれに当たる。祖先祭祀を中核とする家族制が今日にも根強く維持されている台湾では，祖先と家族に関連する罪はとくに非難の対象となると考えられる。

　最後に，道義的に非難される行為であって，法的にも非難される罪である。そのような罪のうち，とくに多くの事例が見られるのが，詐欺的行為に関する

罪である。たとえば，第二殿に示されている，少年少女を騙って誘拐する罪，他人の財物を欺いて窃取する罪，結婚に際し，相手方の地位や財産を目当てに，故意に年齢を偽って結婚する罪，第三殿の，使用人が同僚とともに詐欺取財する罪，契約書や書簡を偽造して，他人の金銭や債権を詐取する罪，さらに第七殿の掠め取ったり，騙して販売したりして，金銭や財産を詐取する罪，など多数の行為が列挙されている。殺人や傷害のような刑法上の重大犯ではなく，詐欺的行為についてとくに多くの罪を掲げるのは，邪心に基づく利益を戒めることに社会的重要性を認めているからであろう。伝統的に，台湾は中国大陸と同様に，農業と商業を中心として発展してきた社会である。商道徳に違反する詐欺的行為は，刑法犯として現世における刑事制裁を免れ得ないのは勿論であるが，それにも増して，宗教的確信と結びついたところでその未然防止を図ろうとする点に，これらの行為を多数掲げている意味がある。

　その他，薬物に関する罪も多く認められるが，とりわけ，第四殿に示された，薬効の著しい薬を秘蔵して，人に伝授しない罪は，個人の利益よりも社会全体の利益を重視しようとする宗教的確信を背景に持って掲げられた行為であろう。

　以上に，『玉歴鈔伝』に見られる罪をいくつかに類型化した。もとより，列挙されたすべての罪がこれらの類型に包摂されるわけではないし，1つの類型ではなく，複数の類型にまたがる罪と考えた方がよいものもあろう。とは言え，いずれの類型の罪にも共通しているのは，宗教的ないしは道徳的に非難される行為が基礎となっているということである。それは刑法上犯罪と観念される行為についても言えることであり，死後における制裁への怖れを背後に宿しながら，同時にそのような行為の予防効果を果たそうとするものである。

5　現代社会に示唆するもの

　以上において，台湾の廟で誰でも容易に手にすることのできる『玉歴鈔伝』を手がかりに，台湾社会において罪として観念される行為について見てきた。もとより，台湾社会とても，決して犯罪の少ない社会ではなく，人口比で見るなら，窃盗や傷害は日本よりも多いし，1987（民国76，昭和62）年の戒厳令解

除後は経済犯罪も増加している。しかしそれにもかかわらず，社会的安定を維持し得ている要因の1つとして，『玉歴鈔伝』に示されている勧善懲悪思想が社会的に浸透していることをあげてよいであろう。

　翻ってわが国に関して言うならば，心裡強制説に基づいて，犯罪行為に対応する世俗的刑罰を国民に開示することによって犯罪の防止を図ろうとする現代社会にあって，来世における地獄を畏怖させることによって宗教的，道徳的に非難され，かつ法的にも非難される行為を未然に防止していこうとする思想を取り上げることは，アナクロニズムと映じるかもしれない。しかしながら，冒頭において紹介したように，社会主義国である中華人民共和国においても公民道徳への回帰が見られ，社会矯正の1つの可能性のある手段として儒，道，仏の混融した『玉歴鈔伝』の世界に関心が持たれ始めているのを見るとき，過去の遺物として捨て去る前に，その持つ意味と社会的効果をいま一度検討する必要があるのではなかろうか。

第2章　法文化と食文化

1　法文化の一側面としての法行動

　法規範の定めるところと，現実にこの社会において行われているところとは，必ずしも一致しているわけではない。とくに日本のように法規範の多くの部分をヨーロッパやアメリカから輸入して国家法を作り上げた国では，法的事実が制定法と乖離している現象は多々認められるところである。たとえば，民法典上最も厳格に法定主義が貫かれているはずの担保物権について見てみると，所有権を債権者のもとに留保する形の担保物権，いわゆる譲渡担保が明治時代中期以降の資本主義の発展に伴って経済界で多用されるようになり，判例もこれを容認するようになったことはよく知られている通りである。あるいは，もっと身近なところで結婚式を取り上げてみよう。個人主義を原則とする現代法の下では，「婚姻は両性の合意のみに基いて成立」（憲法第24条）するのであるから，男女が合意し婚姻届を提出すれば婚姻は完成する。しかし現実にはどうであろうか。結婚したい旨を両親に報告し，許可とは言わないまでも了解を得るのが常であろうし，結婚式・披露宴ともなると，憲法の精神など守られているフシもない。ホテルや結婚式場をのぞいてみるとよい。○○家，△△家披露宴会場と墨書された案内板が掛かっているではないか。結婚は家と家との結び付きと言わんばかりである。個人主義という法の世界は，団体主義の現実の前で，風前の灯である。

　このように，法と法的事実とは異っているのであるが，それではわれわれの法的事実を作り上げているものは何か，換言すれば，われわれの法行動を駆りたてているものは何か，が問われなければならない。単に法的事実の存在状況を経験論的に認識するにとどまらず，進んでわれわれの法行動の特色は奈辺に

あり，その原因は何かといったことが問題視されなければならないのである。
　こうした問題設定に対して何がしかの回答を与えようとすると，勢い法行動論とでも呼ぶべき分野へと入って行かざるを得ない。しかも，日本という特定の「くに」に居住する人々の法行動の特色ということになると，他の地域の人々のそれと比較する形でしか回答を与えることはできない。その意味で，単なる法規範の比較ではなく，法行動を促す要因の比較が行われることになる。ところで，人がどのような行動をとるかは，それ自体1つの文化である。それゆえ，行動文化の比較対照の中から日本における法文化の特質の一面が描き出されることになろう。
　人々の行動に表われ，又は行動を導き出す要因である文化は，さまざまな場面に表われてくる。食事の摂り方，住まいの作り方，対人関係の作り方等々，およそ生活の万般に表われてくる。法行動はそのような場面の1つでしかない。こうした文化行動全体と法行動との関係性の中で，行動要因を解明することが重要であろうが，筆者の能力不足からそのような試みを全体的に行うことは不可能である。そこで，ここでは，食行動と法行動についてのみ併せ検討してみることとしたい。しかも比較の俎上にのぼる「くに」は限られてくる。対象とする「くに」は主に台湾である。たかだか2200万人の人口を有するにすぎない小さな「くに」であり，国際社会においては1つの政治実体でしかないが，この「くに」(＝地域)の人々の生活習慣は伝統中国のそれを連綿と維持し続けてきており，他方大陸の中国が近年の改革開放政策下で伝統文化への回帰を随所で提示しつつあるのを見るにつけ，台湾は一地域としての個性を有するだけでなく，中国全体の将来の姿を示すものと思われる。その意味で，台湾を通じて中国全体及び華僑をも含む中国人の行動文化を知ることになるものと思われるからである。

2　食文化の比較

　日本人の食べるのが日本料理なら，台湾の人々の食べるのは中華料理である。中華料理にはその地方によって北京料理，四川料理，湖南料理などさまざまな

料理があり，この種の分類を重んじれば台湾の人々の食べる料理は台湾料理ということになろうが，それは地方の食材と味覚に応じた分類であり，中国社会の料理全体を中華料理と呼んで何ら差し支えはない。日本料理は季節感と繊細さ，中華料理は火と豪快さ等々，両者の差異を論じれば尽きるところがない。そうした差異は美食の専門家にまかせることとし，私の立場から見て重要な差異は，お客への提供の仕方である。これを料理を食べる側から見れば，どのように料理を食べるかという，食の行動文化の問題として捉えることができる。

　宴会の場面を想定してみよう。中華料理の宴会では，大皿に盛られた料理が何品か出され，一卓を囲む何人かの人々がそれぞれ食べたい料理を食べたい分量だけ小皿に取り分けて食べる。最近は中華料理の世界もフランス料理や日本料理の影響を受け，高級料理店では最初から1人分ずつ小皿に盛り付けられて出てくるものもあるが，たいていの場合は大皿に盛られてくる。参会者は何を食べようと，どれだけ食べようと自由なのだから，自分の判断で好きなものだけを食べるか，それとも栄養のバランスを考えてさまざまな料理に挑戦するかを決めなければならない。

　これに対して，日本料理で宴会を開いた場合はどうであろうか。一般に選ばれる料理は，会席（懐石）料理であろう。参会者はそれぞれ所定の席に座り，1人前ずつ小皿に盛られた料理が次から次へと目の前に運ばれてくる。焼物，揚げ物に野菜もありと，素材も料理方法も多様であり，運ばれてきたものを順次食して行けば，偏食もなく栄養のバランスがしっかりとれるように組み立てられている。客は，自分の判断で何をどの程度の量食べるかという主体的判断をまったくしなくてよいようになっている。それどころか，何かを残そうものなら，この人はこの料理が嫌いなのか，味付けが悪かったのか等と料理人や亭主に想像されることともなりかねず，そのような余分な気遣いをさせないためにも，客はできるだけ万遍なく食べるのが普通である。

　高級料理の話しになってしまった。そんなものには日常縁がないというわれわれ自身の身になって考えてみよう。われわれが日常的に食べるのは，定食と呼ばれる料理である。すぐ思い浮ぶメニューをあげると，トンカツ定食，コロッケ定食，焼魚定食等々。学生食堂にはこの種の定食が必ずと言ってよいほどあ

るし，街中の定食屋に入れば似たようなメニューがある。それどころが，夜は勤め帰りの人々でにぎわう居酒屋にも，昼どきともなればこの種の定食がある。その中身はと言うと，主菜にキャベツやレタス等の野菜，ごはんにみそ汁に漬物と，一通りのものが揃っており，これだけを食べていればさほどの偏食にもならず，栄養も足りる仕組みになっている。われわれは主菜をトンカツにするかコロッケにするかの選択を自主的に行うだけである。

　これに対して，中華料理の「くに」で学生や勤め人が食べているものはどうであろうか。台湾でも大陸の中国でも，学生食堂には定食なるものはない。何種類もの料理がそれぞれ大きなバットに盛られており，客は自分の食べたいものを食べたい量だけ自由に選び，トレーに盛りつけていく。肉を食べたければ肉料理だけを選んで食べればよいし，中にはベジタリアンなのであろうか，野菜料理ばかりを選んでトレーをいっぱいにする学生もいる。街中の食堂でも同様であり，台湾では自助餐庁という食堂があちこちにある。勤め人は老若男女を問わずよくここを利用する。原理は大学の食堂と全く一緒で，何種類もの料理の中から自分の食べたいものを選んでトレーに盛り，レジで精算する。野菜や豆腐料理より肉料理，肉料理よりも魚料理の方が単品当たりの値段は若干高い。ベジタリアン向けに野菜と豆腐料理だけが何10種類もバットに盛られている自助餐庁もあり，ここでは値段は重さで計られるのが普通である。いかに多彩な料理法をとろうとも，もとは野菜と大豆，原価は同じということなのであろう。

　宴会料理と日常食の双方について日本料理と中華料理を見てきた。一言で言えば，日本料理は定食，中華料理は食べ放題の料理と特色づけてよいであろう。食の行動文化という面から見ると，中華料理では，人々は自己の選択，すなわち自己の責任において料理の選択を行い，自らが栄養のバランスと量を考えなければならない。料理人も亭主も，客が何を食べようと，どの程度の量を食べようと全く無関係である。あくまでも責任は食事を摂る人個人に置かれているのである。しかし日本料理の場合は全く逆である。定食屋では客は主菜のみを選べばよいのであって，自ら適当な量と栄養のバランスを考える必要はない。1人前という分量にみあった量と栄養のバランスは料理人の方で適切に工夫し

て提供される。食事を摂る人には健康の維持に関する責任はなく，逆に料理人の方に責任が置かれていると言ってよいであろう。

　自己の責任において食事を摂るか，それとも相手方である料理人の責任において食事を摂るか，中華料理と日本料理にまつわる食の行動文化の源には，こうした自己責任の有無，そこまで言うのが極端であるとすれば，自己責任の強弱という問題が横たわっているようである。

　ところで，食も一種の人間行動であれば，日常の法的行動も同じ人間の行う行動である。しかも自己責任という法律学上の分析道具でもって食行動の性格づけができるのであれば，法行動の性格づけにもこの道具を使うことができるのではないであろうか。そこで，次に，日常的な法行動について見てみよう。

3　法行動の比較

　台湾の大都会である台北を訪れる観光客がホテルから一歩街角に出ると，異口同音に発する言葉がある。いわく，「横断歩道を渡るのも命がけだね」，「赤信号なのに渡っていいのかい」。日本人客の多い観光ホテルの近くを歩いているとき，この種の言葉を耳にしないことはないと言ってもよいくらいである。雑踏と喧騒の街とも言える台北の暮しにかなり慣れているはずの筆者の目から見ても，いったいここには道路交通法があるのだろうかと疑いたくなるほどである。青信号なら当然，赤信号でも気をつけて渡るのが当たり前。いや，信号の有無を手掛りに考えてはいけないのだろう。横断歩道に歩行者がいようがいまいがお構いなしに車はビュンビュン走ってくるし，歩行者も車が走っていようがいまいが渡りたいところで道路を横断する。乗用車もバスもバイクも，もちろん歩行者も，皆この式で，まるで道路が自分だけのためにあるかのように動いている。交差点で信号が変わるときなどは圧巻である。青から赤に変わってしまっていてもなお悠然と，あるいは停止するどころか逆にスピードを上げて交差点を突っ切っていく。そのわずか1メートルほど後ろには，いまだ赤から青に変わり切らないうちにスタートした別方向の車やバイクが猛然と走っていく。よくこれでぶつからないなぁと思うのは素人の考えであり，台湾の人々

にとってはごく当り前の運転技術であって，前方の人や車の移動速度を見切っていれば何ら危険ではないということのようである。黄信号で停車すれば後ろから追突されるし，教習通りの車間距離をとっていればどんどん割り込まれてかえって危険なことは，この地で実際に運転すればよくわかる。法律よりも，当地の人々の行動様式にならっておくのが一番安全なのである。

　信号の軽視に見られるような交通法規軽視の現象は，交通渋滞が名物のようになっている台北特有のものかというと，決してそうではない。西洋流の都市化が十分に進んでおらず，伝統的な台湾の生活様式を今なお色濃く残している，地方の小都市あるいは南部に行くと，むしろ台北の交通が整然としたものにすら思えてくるほどに交通ルールは守られていない。台湾の南端にある第2の都市高雄の郊外を走っているときなどは，ヒヤヒヤものである。現地の規定に従って車を右側通行で走らせているのに，対向車が真正面から走ってきてドキリとすることも一再ではない。目的地まで行くのに，法規に従って態々遠回りをして行くよりも，法規違反であっても最短距離を進む方が合理的と思われているのか，それとも彼らの交通習慣が先にあり法規が後からできたためか，その理由は定かではないが，車は右側というルールですらここでは参考程度と考えていなければならない。

　これだけ交通ルールが守られなければ事故が頻発して死者も多いだろうと思われるかも知れないが，それは規則遵守に慣れた日本人の発想である。たしかに事故そのものは多く，負傷者も多いようであるが，死亡事故となると，人口比では日本とさほど変らない。誰もが交通ルールを守らない社会では，青信号を渡る歩行者であろうと，右側通行の運転手であろうと，常に周囲に注意していなければならない。反対に赤信号でも平気で突っ込んでくる運転手もまた常時歩行者やバイクに注意している。皆が注意しているので，事故が起こっても街中ではさほど大事故にならないのである。

　これに対して，日本はどうであろうか。歩行者はほとんどの場合，青信号で渡り，赤信号では停まる。自動車の場合はもっと徹底している。赤信号でも平気で走り続ける自動車などめったに見られるものではない。その昔筆者が自動車学校に通っていた頃，教官に問うたことがある。見渡す限り畑の農道の交差

点に一時停止線が引かれていれば，周囲を見て明らかに人も車もいないときでも，停止しなければならないのかと。教官の答えは，当然に一時停止しなければならない，というものだったように思う。その影響でもあるまいが，一時停止や信号については，筆者に限らずたいていの運転手が守っているのではないだろうか。台湾の道路交通が奇異なものに映るほどに，われわれ日本人は交通法規についてはこれを遵守するのが当然という社会に暮していると言っても過言ではないであろう。

4　行動を促す要因——国家に対する信頼度——

　中華料理の「くに」台湾では道路交通は法規通りには行われておらず，定食の「くに」日本ではかなり法規が遵守されている。この違いを自己責任という概念を用いて説明すればどのようになるのであろうか。
　日本の場合から見てみよう。日本では，交通法規の定めるところに従って行動していれば，一応の安全が保障される。これは単に事故に遇う可能性が少ないということを意味するに過ぎないのではない。万が一青信号で渡っている歩行者が事故に遇ったときのことを考えてみよう。たいていの場合，と言うよりもほぼ100パーセント，運転手は任意保険に加入している。したがって，歩行者が事故傷害にあえば医療費は運転手側が間違いなく負担してくれる。さらに，その結果就業できない期間についても，労災適用があったり，何らかの保険による補償があったり，あるいはまた加害者による補償の終了後に医療費がかかったとしても健康保険による補償があったりと，法を守っている歩行者は損害のかなりの部分を他者の負担により補償される仕組みになっている。
　このような社会において，法を守って生活するということはどのような意味を持つのであろうか。多くの人々にとって遵法は社会全体の基本的ルールであり，法を守って生活していれば安全な生活が保障され，かりに侵害を受けたとしても他者すなわち加害者又は国家によって補償が与えられるという共通の確信がある。これを近代ヨーロッパ流の論理で説明するならば，法は主権者たる国民の意思の結晶であり，自らの意思に基づいて形成した規範に従わないとす

れば，主権者たる地位の放棄につながる。自己の安全を国家権力を媒介として，法治の論理によって確保していこうとする社会では，法を守ることは国民の義務でもある。このような論理がかなりの程度浸透している社会では，生活のあらゆる場面に法が整備されており，所与の法に従うことが国民生活維持の要件とされる。生活の各場面においていかなる行動をとるべきか，言い換えるなら，それぞれの場面において何が善であり何が悪であるかは法に表示されているので，国民は，それぞれの場面においてとるべき行動の善悪を自己の責任において判断する必要はないのである。赤信号は法に定められている通りに停まっていればよく，青信号は渡ればよいのである。信号の色にかかわらず自己の責任において安全を確保しなければならない必要性は，ここには何もない。法に従っておればよい——このような行動文化は，定食を食べていればよいという食行動と軌を一にするものであるように思われる。生命身体の安全又は健康体の維持について，自己責任の観念を中心として行動することはせず，法律又は料理人にその判断を委ねているのである。このようなことが可能なのは，国家又は料理人が信頼される存在であるからにほかならない。

　これに対して，台湾の場合はどうであろうか。法治の重要性を訴えるコマーシャルがテレビなどでたびたび映し出されているが，そのような啓蒙活動が常態とならざるを得ないほど，人々は整然と法に従うということはないようである。交通法規に代表されるように，法は参考程度のもののようにすら思われる。その代わり，そこでは一面において自己の判断と自己責任が貫徹している。赤信号であっても，自分が安全と判断すれば，自己の責任において渡ってかまわないのである。ただし，それに伴う危険については自分が責任を持たねばならない。なぜなら，台湾では多くの運転手は任意保険に加入しておらず，健康保険とてもわずか10年ほど前に制度ができたばかりであり，日本の場合のように他者による補償は決して十分ではないからである。青信号で渡ろうと赤信号で渡ろうと，事故にあったときにいずれの場合も十分な補償が不可能とすれば，歩行者は常に自己の責任において身体の安全を確保しなければならず，そうであってみれば，信号の色の違いは自己の安全に益するかどうかの判断の参考材料でしかないのである。食事の際に自己の判断と責任において何をどの程度の

量食べるかを決めなければならず，料理人は食事の栄養と量について何ら責任を負わないのと同様，他者又は国家の責任において自己の安全を確保する仕組みはここにはほとんど存在しないのである。

　自己責任と危険負担――このように言うと，それはあたかもドイツ法に言う"auf eigene Gefähr"と同じではないかと思われるかも知れないが，両者には根本的な差異がある。すなわち，国家に対する信頼感が全く異なっているのである。近代ヨーロッパでは，国家は国民の合意によって形成されたものという観念が一般化している。そこでは，国家意思に従うことは自己の意思の実現でもある。もとより現代においては，国家という存在そのものの存立意義が問いなおされ，近代の国民国家論に代わるべき新たな枠組みが模索されていることはたしかである。しかし，形態論や役割論に多様な展開が見られるとは言え，現に存在している国家について言えば，国民はその存立と意思に対して信頼を寄せているのが常態であろう。われわれ日本人は，いくら円安になろうとも円そのものが無価値の紙くずになるなどとは考えていない。円の発行主体は日銀であるとは言え，その背後にある日本国そのものの存在を信じて疑わないからである。

　しかし，台湾の場合はそうではない。歴史的にこの100年間を振り返っただけでも，台湾の人々の意思が国家意思の形成に十分に反映されたかどうかはきわめて疑わしい。なぜなら日清戦争によって日本の統治下に置かれてから50年間は日本人による支配が行われ，第二次大戦後には，同一民族ではあるが大陸から渡来して来た人々を中心とする支配が50年近く続いたのであって，初めて台湾に居住するすべての成人によって総統が選出されるようになったのは1996（民国85，平成8）年のことであり，わずか10年余り前のことだからである。このような状況の下では，大部分の人々にとっては自らが国家意思の形成に参画しているという意識は希薄であると言えよう。この点に，市民革命ないしはヨーロッパ近代思想を媒介として形成された国家とは決定的な違いがある。加えて，いわゆる中国が大陸と台湾の2か所に存在しており，この20年余り，国際社会において大陸の中国の比重が高まるにつれて，台湾のそれは凋落の一途をたどっている。たしかに，大陸と台湾の関係について多様なプランが模索

されており，台湾では国際社会における地位向上を目指してさまざまな政治的活動が展開されてはいる。しかし，一国両制という歴史的な政策の下に香港返還が進められたのを目のあたりに見てきた台湾の人々にとって，この政策が巷間言われるように台湾返還を視野に入れたものであるだけに，いつ何時台湾という中国が大陸の中国に併呑されるやも知れぬ危険は拭い去れない。したがって，このような状況の下では，国家の安定性と信頼に基づいて自己の安全を図り，自己の意思を実現していくというヨーロッパ近代国家型の論理は，絵に画いた餅のようなものでしかない。台湾の人々のお金に対する執着は企業の駐在員たちの等しく認めるところであり，町中にはそのお金を国際通貨である黄金に換える貴金属店がいたるところに見られる。1996（民国85，平成8）年の選挙に合わせて大陸の中国が台湾近海で軍事演習を行ったときには，台湾中の銀行からアメリカドルがなくなったという逸話すらある。台湾ドルを持っている人々がアメリカドルに両替したのである。自らの安全は国家に頼るよりも，自ら確保するという原初的とも言える自己責任の論理がここにも見られるのである。

　行動文化という観点から，日本と台湾に居住する人々の考え方の違い，法行動・食行動の違いを見てきた。われわれ日本人はアジアの中で稀有なほど西洋化に突き進み，模範国である西洋近代国家の理念をあるいは西洋諸国以上に実現しているのかも知れない。このような国から見れば，自己責任を行動の各場面に展開している人々の行動は奇異に映ることであろう。しかし，そのような行動もそれ自体1つの文化であり，単に国家法遵守の態度のみを非難の対象とし，台湾は遅れているといったような評価を下してはならない。異質の文化に出遇ったとき，西洋近代の尺度からの偏差を測定し，遅れているとか進んでいるとかの評価を下すことは西洋文化帝国主義とでも言うべき態度であろう。文化はそれ自体として固有の価値を持っているのであって，およそ優劣の価値評価になじまないものなのである。こうした観点を肝に命じながら，定食の「くに」の法文化と食べ放題の「くに」の法文化の差異を考えてみなければならない。

資　　料

[資料1]　歴代台湾総督の在任期間中に発布された律令件数

総督名		在任期間	律令発布総数	制定	改廃
初代	樺山資紀	1895年5月10日〜1896年6月2日	1	1	0
2代	桂　太郎	1896年6月2日〜1896年10月14日	7	7	0
3代	乃木希典	1896年10月14日〜1898年2月26日	12	12	0
4代	児玉源太郎	1898年2月26日〜1906年4月11日	155	113	42
5代	佐久間左馬太	1906年4月11日〜1915年5月1日	88	52	36
6代	安東貞美	1915年5月1日〜1918年6月6日	7	4	3
7代	明石元二郎	1918年6月6日〜1919年10月26日	10	1	9
8代	田健治郎	1919年10月29日〜1923年9月2日	48	17	31
9代	内田嘉吉	1923年9月6日〜1924年9月1日	6	1	5
10代	伊沢多喜男	1924年9月1日〜1926年7月16日	10	0	10
11代	上山満之進	1926年7月16日〜1928年6月16日	13	1	12
12代	川村竹治	1928年6月16日〜1929年7月30日	6	1	5
13代	石塚英蔵	1929年7月30日〜1931年1月16日	3	0	3
14代	太田政弘	1931年1月16日〜1932年3月2日	3	0	3
15代	南　弘	1932年3月2日〜1932年5月26日	1	0	1
16代	中川健蔵	1932年5月27日〜1936年9月2日	15	10	5
17代	小林躋造	1936年9月2日〜1940年11月27日	56	24	32
18代	長谷川清	1940年11月27日〜1944年12月30日	85	26	59
19代	安藤利吉	1944年12月30日〜1945年10月25日（中華民国による台湾接収日）	7		

（出典）外務省条約局法規課編『外地法制誌3』（復刻，文生書院，1990年）より作成

[資料2]　年次別律令一覧（既存律令の一部改正または廃止のための律令を除く）

● 1896（明治29）年，六三法によるもの
　1896年　5月 1日　1号　台湾総督府法院条例
　　　　　7月11日　2号　台湾総督府臨時法院条例（緊急命令）
　　　　　7月21日　3号　台湾総督府非常通信規則（緊急命令）
　　　　　8月14日　4号　台湾ニ於ケル犯罪処断ノ件（緊急命令）
　　　　　8月16日　5号　台湾地租規則
　　　　　9月 7日　6号　台湾鉱業規則

資　　料

	10月 1日	7号	拘留又ハ科料ノ刑ニ該ルヘキ犯罪即決例
	10月15日	8号	台湾伝染病予防規則
	10月24日	9号	製茶税則
	11月 8日	10号	外国人ニ関スル訴訟ノ裁判管轄ノ件（緊急命令）
	12月18日	11号	外国貿易ノ為開港ニ出入スル支那型船舶ニ関スル件
1897年	1月17日	1号	特別輸出入港ニ関スル件
	1月21日	2号	台湾阿片令
	3月13日	3号	台湾官有森林原野及産物特別処分令ニ依リ売渡シタル土地ノ地租ニ関スル件
	3月16日	4号	契税規則
	4月27日	5号	銃砲取締規則
	4月27日	6号	火薬取締規則
	7月 2日	7号	鉄道用地地租免除規則
	7月 2日	8号	台湾鉄道会社鉄道敷設用材料輸入税免除規則
	8月29日	9号	樟脳油税則（緊急命令）
1898年	3月29日	2号	刑事ニ関スル判決ノ正本謄本又ハ抄本ヲ求ムルトキノ手数料ノ件
	5月21日	4号	台湾船籍規則
	6月 2日	5号	台湾租税滞納処分規則
	6月16日	6号	民事訴訟用印紙規則
	6月26日	7号	台湾総督府法院執達規則
	7月16日	8号	民事商事及刑事ニ関スル律令
	7月16日	9号	民事商事及刑事ニ関スル律令施行規則（緊急命令）
	7月16日	10号	民事訴訟費用規則
	7月16日	11号	刑事訴訟費用規則
	7月16日	12号	私設鉄道会社ニ関スル律令（緊急命令）
	7月17日	13号	台湾地籍規則
	7月17日	14号	台湾土地調査規則
	7月17日	15号	高等土地調査委員会規則
	7月19日	16号	台湾総督府法院条例改正
	7月19日	17号	台湾地方税規則
	7月20日	18号	台湾総督府法院判官懲戒令
	7月30日	19号	一円銀貨無制限通用ニ関スル律令
	8月31日	21号	保甲条例
	11月 5日	24号	匪徒刑罰令（緊急命令）
	12月17日	25号	重罪軽罪控訴予納金規則
	12月30日	26号	保税倉庫ニ関スル律令
1899年	1月19日	1号	民事訴訟ニ関スル件
	1月20日	2号	台湾地方救済金ニ関スル律令

資　　料

	2月11日	3号	台湾監獄則
	3月26日	4号	台湾獣疫予防規則
	4月19日	6号	台湾下水規則
	4月26日	7号	台湾食塩専売規則
	4月28日	8号	本島人及清国人ニ刑事訴訟法民事訴訟法及其附属法律適用ニ関スル件
	4月28日	9号	本島人並清国人ノ犯罪予審ニ関スル件
	6月 7日	10号	台湾汽船検査規則
	6月 9日	11号	台湾供託規則
	6月17日	12号	台湾不動産登記規則
	6月17日	13号	外国人ノ署名捺印及無資力証明ニ関スル律令
	6月17日	14号	台湾塩田規則
	6月22日	15号	台湾樟脳及樟脳油専売規則
	6月22日	16号	台湾樟脳及樟脳油製造規則
	7月14日	19号	台湾輸出税及出港税規則
	7月15日	20号	台湾関税規則
	7月16日	21号	律令ノ規定ニ依リ台湾ニ適用セラルル法律ノ改正アリタルトキノ効力ニ関スル件
	7月22日	22号	台湾噸税規則
	8月 4日	23号	台湾海港検疫規則
	8月 9日	24号	本島人及清国人ニ民法第二百四十条第二百四十一条（遺失物埋蔵物所有権ノ件）適用ノ件
	8月13日	25号	海面及海埔浮洲ノ埋立開墾ニ関スル件
	8月30日	26号	刑事事件ノ再審ノ訴及非常上告ニ関スル件
	8月30日	27号	台湾総督府臨時法院ノ判決ニ対スル再審及非常上告ニ関スル件
	11月21日	30号	市区ノ計画上公用又ハ官用ノ目的ニ供スルタメ予定告示シタル地域内ニ於ケル土地建物ニ関スル件
	12月 2日	31号	台湾罹災救助基金規則
1900年	1月21日	1号	外国人ノ土地取得ニ関スル律令
	1月21日	2号	土地貸借ノ期間ニ関スル律令
	1月24日	3号	台湾新聞紙条例
	1月25日	4号	外国領事庁ノ登記簿ノ謄本ノ効力等ニ関スル件
	1月25日	5号	台湾弁護士規則
	2月22日	7号	蕃地ニ関スル律令
	3月15日	8号	台湾水難救護規則
	7月 3日	11号	賦課漏ノ地租ニ関スル律令
	7月 4日	12号	樟脳樟脳油及食塩売下代金延納ニ関スル律令

165

資　　料

	7月22日	13号	台湾銀行ヨリ発行スル銀行券通用並同銀行券ノ偽造変造及其取受行使ニ関スル律令
	8月12日	14号	台湾家屋建築規則
	8月15日	15号	台湾汚物掃除規則
	8月16日	16号	台湾鉄道営業ニ関スル律令
	9月 1日	17号	台湾薬品取締規則
	11月 8日	20号	台湾度量衡条例
	11月 9日	21号	台湾保安規則
1901年	3月20日	1号	電信電話ノ犯罪ニ関スル律令
	4月11日	2号	訴訟代人弁護士名簿ニ登録ヲ請フトキハ弁護士タルコトヲ得ル律令
	5月23日	3号	台湾土地収用規則
	5月27日	4号	刑事訴訟手続ニ関スル律令
	7月 4日	6号	台湾公共埤圳規則
	8月16日	8号	砂糖，糖蜜又ハ糖水ヲ本島ヨリ内地ニ輸送スル場合ニ関スル律令
	9月26日	10号	台湾保安林規則
	9月28日	11号	台湾汽船職員規則
	9月30日	12号	砂糖，糖蜜，糖水ノ課税ニ関スル律令
	10月 2日	13号	台湾関税規則並台湾輸出税及出港税規則ニ依ル訴願ニ関スル律令
	11月11日	14号	地方行政区画ノ廃置分合ニ依リ地方税経済ニ属スル財産ノ処分ニ関スル件
1902年	2月 1日	1号	日本銀行ニ於テ発行スル兌換銀行券ノ偽造変造及其ノ取受行使ニ関スル律令
	3月29日	3号	台湾国防用防禦営造物区域取締規則
	6月14日	5号	台湾糖業奨励規則
	9月17日	7号	台湾地籍規則施行前ニ賦課徴収シタル地租官租ノ追徴還付ニ関スル律令
	10月24日	8号	台湾汽船職員懲戒規則
1903年	7月31日	1号	銀行営業取締ニ関スル規則
	8月13日	2号	日本勧業銀行ノ貸付ヲ為ス土地ニ関スル件
	9月26日	4号	歹銭ノ輸入禁止ニ関スル件
	9月26日	5号	輸入粗銀ノ課税ニ関スル件
	12月 5日	9号	大租権確定ニ関スル件
	12月10日	11号	政府ノ取得シタル土地ニ対スル大租権消滅ニ関スル律令
	12月18日	12号	公証規則
	12月26日	13号	質屋営業ニ関スル律令
	12月29日	14号	通貨及証券模造取締規則

資　　料

1904年	1月12日	1号	罰金及笞刑処分例
	2月18日	2号	利息制限規則
	2月25日	3号	庁長ヲシテ民事争訟調停等ヲ取扱ハシムル件
	3月12日	4号	犯罪即決例
	3月24日	5号	外国補助貨幣ノ輸入禁止ニ関スル律令
	5月20日	6号	大租権整理ニ関スル件
	5月27日	7号	銃砲火薬取締規則
	6月4日	8号	台湾銀行券発行ニ関スル律令
	6月4日	9号	一円銀貨幣及政府ノ極印ヲ施セル一円銀貨幣ハ時価ヲ以テ公納ニ使用スルコトヲ得ルノ件
	10月7日	10号	出典地業主権ニ関スル律令
	11月10日	12号	台湾地租規則
1905年	3月30日	1号	台湾煙草専売規則
	4月11日	2号	外国裁判所ノ嘱託ニ因ル共助ニ関スル件
	5月25日	3号	台湾土地登記規則
	5月25日	4号	地方法院及其出張所ノ管内ニ登記所設置ニ関スル件
	5月25日	5号	台湾土地登記税規則
	6月27日	8号	商事非訟事件印紙規則
	7月29日	9号	民事訴訟特別手続
	7月29日	10号	刑事訴訟特別手続
	9月16日	11号	法廷取締等ニ関スル件
	12月14日	14号	医薬用工業用酒精戻税規則
1906年	1月16日	1号	台湾種痘規則
	3月13日	2号	台湾浮浪者取締規則
	4月30日	3号	台湾度量衡規則
	6月13日	7号	台湾彩票ニ関スル件
	7月17日	9号	台湾土地台帳ニ支那人ヲ業主名儀トスル場合ノ処分ニ関スル件（緊急命令）
	7月24日	10号	台湾鉱業規則改正律令
	8月26日	11号	工業酒精戻税規則

● 1906（明治39）年，三一法によるもの

1907年	2月26日	1号	台湾公学校令
	2月28日	2号	台湾樟樹造林奨励規則
	7月12日	3号	台湾永代借地整理規則
	7月12日	4号	台湾永代借地調査規則
	7月12日	5号	台湾永代借地調査委員会規則
	8月31日	6号	台湾酒税規則
	10月12日	8号	本島人及清国人ニ民法中適用ニ関スル件

資　　料

	11月 1日	11号	台湾間接国税犯則者処分規則
1908年	2月13日	2号	台湾ペスト病毒汚染処分規則
	2月26日	3号	台湾ペスト予防組合規則
	2月29日	4号	官設埤圳規則
	6月21日	7号	台湾印紙税規則
	8月16日	8号	台湾紙幣類似証券取締規則
	8月28日	9号	台湾刑事令
	8月28日	10号	台湾監獄令
	8月28日	11号	台湾民事令
	8月28日	12号	船舶ノ登記ニ関スル件
	9月19日	14号	台湾害虫駆除予防規則
	10月20日	15号	銀貨幣並粗銀ノ移入及輸入禁止ニ関スル件
	10月20日	17号	一円銀貨引換ニ関スル件
	12月15日	18号	台湾農会規則
	12月25日	19号	台湾銀行ニ於テ発行シタル一円銀貨ヲ以テ引換フヘキ銀行券ノ通用期限ニ関スル件
	12月26日	20号	台湾私設鉄道規則
1909年	3月31日	1号	台湾関税規則改正
	5月 4日	2号	印紙犯罪処罰ニ関スル件
	5月 8日	3号	酒精出港税徴収猶予及税額免除規則
	12月15日	6号	台湾工業用酒精戻税規則
1910年	5月10日	6号	台湾製糖及繊維工場胎権規則
	10月30日	7号	台湾林野調査規則
	10月30日	8号	高等林野調査委員会規則
1911年	8月24日	3号	相続未定地整理規則
1912年	2月23日	1号	台湾永代借地権令
	7月21日	3号	会社ノ登記期間ニ関スル件
(大正元年)	12月 5日	1号	台湾漁業規則
	12月18日	3号	台湾畜牛保健組合規則
1913年	1月25日	1号	台湾銃砲火薬類取締規則
	2月10日	2号	台湾産業組合規則
	4月 1日	3号	台湾国税徴収規則
	4月10日	5号	マラリア防遏規則
	6月 2日	6号	台湾担保附社債信託規則
	6月21日	7号	台湾売薬印紙税規則
1914年	2月 2日	1号	仮置場ニ関スル件
	3月30日	5号	台湾土地測量標規則
	4月 8日	7号	蔗苗取締規則
	5月 2日	8号	台湾伝染病予防令

資　　料

	9月28日　10号	船舶積量測度ニ関スル件
	10月26日　11号	台湾重要物産同業組合ニ関スル件
	12月30日　12号	行政執行ニ関スル件
1916年	1月13日　1号	台湾医師令
	1月13日　2号	台湾歯科医師令
	2月11日　5号	無尽業ニ関スル律令
1917年	12月18日　2号	台湾新聞紙令
1919年	4月25日　1号	台湾電力株式会社令
	11月 4日　10号	台湾森林令
	12月 1日　11号	台湾総督府地方庁ノ設クル質舗ニ関スル件
1920年	7月30日　3号	台湾州制
	7月30日　4号	台湾庁地方費令
	7月30日　5号	台湾市制
	7月30日　6号	台湾街庄制
	8月 1日　7号	台湾所得税令
	8月31日　9号	庁，庁長等ニ関スル律令
	8月31日　10号	街庄，街庄社，街庄社長及区，区長等ニ関スル律令
	11月12日　23号	台湾徴発令
1921年	4月14日　4号	台湾所得税令改正ノ件
	4月15日　5号	台湾輸出入植物取締規則
	8月21日　8号	農業倉庫業ニ関スル律令
	12月28日　10号	台湾水利組合令

● 1921（大正10）年，法三号によるもの

1922年	5月 5日　3号	台湾酒類専売令
	5月12日　4号	台湾酒精令
	9月18日　6号	民事ニ関スル法律ヲ台湾ニ施行スルニ付改廃ヲ要スル律令ニ関スル件
1924年	6月30日　3号	台湾度量衡規則改正ノ件
1926年	7月30日　5号	台湾食塩専売規則改正ノ件
1928年	12月28日　3号	台湾阿片令改正ノ件
1932年	11月25日　2号	本島人ノ戸籍ニ関スル件
1934年	12月29日　1号	台湾酒類出港税令
1935年	4月 1日　1号	台湾州制改正ノ件
	4月 1日　2号	台湾市制改正ノ件
	4月 1日　3号	台湾街庄制改正ノ件
	4月13日　4号	台湾臨時利得税令
	5月21日　6号	震災被害者ニ対スル租税ノ免除等ニ関スル件
	10月 2日　7号	台湾弁護士令改正ノ件

資　　料

1936年	8月 7日	1号	台湾不穏文書臨時取締令
	8月27日	2号	台湾都市計画令
	10月27日	4号	台湾商工会議所令
1937年	3月31日	2号	台湾法人資本税令
	3月31日	3号	台湾外貨債特別税令
	3月31日	4号	台湾営業税令
	3月31日	5号	台湾資本利子税令
	3月31日	7号	台湾相続税令
	3月31日	8号	出港税ノ臨時増徴ニ関スル件
	4月27日	12号	重要肥料輸出入制限ニ関スル件
	6月 6日	13号	台湾家屋調査令
	8月12日	14号	台湾北支事件特別税令
	9月 9日	16号	台湾庁制
	9月 9日	19号	従前ノ庁地方費ニ関スル件
	10月 1日	20号	支那事変ノ為従軍シタル軍人及軍属ニ対スル租税ノ減免徴収猶予等ニ関スル件
	12月21日	23号	台湾農会令
	12月21日	24号	台湾畜産会令
1938年	3月31日	1号	台湾支那事変特別税令
	3月31日	5号	台湾臨時租税措置令
	5月14日	6号	台湾競馬令
	8月 5日	8号	支那事変ニ際シ召集中ノ者議員等ヘノ復職ニ関スル件
	8月23日	9号	台湾重要鉱物増産令
1939年	3月31日	1号	台湾家屋税令
	5月10日	5号	台湾米穀移出管理令
	10月 3日	6号	台湾糖業令
1940年	3月31日	2号	台湾配当税令
	3月31日	3号	台湾特別法人税令
1941年	7月13日	6号	台湾銀行納付金ノ課税上取扱方ニ関スル件
	11月26日	8号	台湾住宅営団令
	12月 4日	11号	台湾米穀等応急措置令
1942年	2月 4日	1号	災害被災者ニ対スル租税ノ減免，徴収猶予等ニ関スル件
	3月28日	7号	台湾清涼飲料税令
	3月28日	8号	台湾広告税令
	3月28日	9号	台湾馬券税令
	6月24日	13号	台湾燐寸専売令
1943年	3月 3日	2号	台湾特別行為税令
	3月23日	3号	市街庄学校組合及街庄学校組合並ニ児童教育事務ノ委託ニ関スル件

　　　　　　　3月26日　5号　輸出スル物品ニ対スル内国税免除又ハ交付金ノ停止等ニ関
　　　　　　　　　　　　　　スル件
　　　　　　　4月 1日　11号　台湾戦時災害国税減免令
　　　　　　　5月 2日　14号　台湾石油専売令
　　　　　　　8月28日　17号　市会議員及街庄協議会員ノ任期延長ノ件
　　　　　　　12月29日　25号　台湾食糧管理令
　　　　　　　12月29日　26号　台湾農業会令
　　　1944年　1月22日　1号　台湾重要物資営団令
　　　　　　　2月 3日　2号　台湾産業金庫令
　　　　　　　2月25日　5号　台湾特別行為税令改正
　　　　　　　2月25日　6号　台湾納税証紙等取締令
　　　　　　　3月 2日　8号　台湾商工経済会令
　　　　　　　3月31日　12号　台湾清涼飲料税令改正
　　　　　　　3月31日　13号　台湾広告税令改正
　　　　　　　4月 1日　14号　所得税等ノ日満二重課税防止ニ関スル件
　　　　　　　4月 3日　15号　台湾青年特別錬成令
　　　　　　　4月18日　16号　台湾石炭配給統制令
　　　　　　　11月 8日　33号　軍需会社ニ対スル統制取締等ニ関スル律令ノ規定ノ適用排
　　　　　　　　　　　　　　除等ニ関ス

　　（出典）外務省条約局法規課編『外地法制誌3』（復刻，文生書院，1990年）より作成

[資料3]　祭祀公業紛争の1事例

　以下の事例は，祭祀公業に関する紛争について，第3審まで争われた事例である。これを基に，祭祀公業に関連して下された裁判所の判断を見てみよう。
　まず，第1審判決を掲げ，なにが紛争の原因となっており，当事者がどのような主張をしているのか，それに対して第1審がどのような判断を示したかについて検討していこう。

【判　決】
　　台中州豊原郡豊原街林子口一三二番地
　　原告　　　　　　　張某攀
　　右訴訟代理人　　　張堂某
　　同所同番地
　　公業張振隆管理人
　　被告　　　　　　　張天某
　　右当事者間ノ当法院大正十年単民第四五五号公業収租金分配請求事件ニ付当法院ハ判決スルコト左ノ如シ
　　主　文
　　被告ハ原告ニ対シ金九十三円及之ニ対スル大正八年十二月一日ヨリ弁済ニ至ル迄年六分ノ

資　　料

　　　割合ニヨル損害金ヲ支払フヘシ
　　　原告其余ノ請求ヲ棄却ス
　　　訴訟費用ハ被告ノ負担トス
　事　実
　　　原告代理人ハ被告ハ原告ニ対シ金九十三円及之ニ対スル大正八年十二月一日ヨリ弁済ニ至ル迄年一割五分ノ割合ノ損害金ヲ支払フヘシ，訴訟費用ハ被告ノ負担トストノ判決ヲ求メ，其請求原因トシテ原告ハ公業張振隆ノ派下ニシテ被告ハ同公業ノ管理人ナリ，而シテ同公業ニハ墓参費用トシテ一ヶ年九三斗谷二十石ノ租谷ヲ充当シアリテ其派下輪流ニテ毎年墓参ノ租スル慣例ナルトコロ，大正九年度ハ原告ノ輪流収租ノ年度ニ相当シ，同年度ノ墓参ハ原告ニ於テ之ヲ勤メタルニ拘ラス管理人タル被告ハ其租谷ヲ原告ニ支払ハサルモノナリ．尤モ公業所属ノ田地ハ悉ク帝国製糖株式会社ニ出租シアリテ其贌耕料トシテ換算金ニテ大正八年度後期分ハ同年十一月三十日迄ニ九三斗十谷（ママ）ニ対シ金九十三円ヲ同会社ヨリ受領シテラ原告ニ支払ハサルヲ以テ，茲ニ原告ハ九十三円及之ニ対スル大正八年十二月一日ヨリ弁済ニ至ル迄年一割五分ノ割合ノ利子ヲ請求スル為メ本訴ニ及ヒタリト陳述シ，尚ホ被告主張ノ如ク収租輪番ノ者ハ其前年後期分及当年前期分ノ租金ヲ収租スルモノナリト附陳シ，立証トシテ証人張万定，林忠ノ喚問ヲ求メ，甲第一号証ヲ提出シ，乙一号証ハ其成立ヲ認メタリ
　　　被告ハ原告ノ請求ヲ棄却ス，訴訟費用ハ原告ノ負担トストノ判決ヲ求メ，其答弁トシテ大正九年度カ原告ノ輪番ニ該当ストノ点ヲ除ク外原告ノ主張事実ハ全部之ヲ認ム，然レトモ大正九年度カ原告ノ輪番ニ非ラスシテ張某発ナル者ノ輪番ナルトコロ，同人ハ大正九年度ハ原告ノ収租輪番ニ当ルモノナルコトヲ認メ得ヘシ，果シテ然ラハ本訴公業ニ於テ収租輪番ニ当リタル者ハ其前年度ノ後期分及其当年度ノ前期分ヲ収租スルコトニ定マリヲルコト当事者間争ナキ本件ニ於テハ公業管理人タル被告ハ正ニ大正八年度後期分贌耕料換算金九十三円ヲ原告ニ支払フヘキ義務アルハ謂フヲ俟タスト雖モ，原告請求ノ如ク被告カ帝国製糖株式会社ヨリ金九十三円ヲ受領シタル其翌日即チ大正八年十二月一日ヨリ弁済ニ至ル迄金九十三円ニ対スル年一割五分ノ割合ニヨル損害金ハ過当ニ失シ本島ニ於テハ損害利息ハ年六分ヲ相当ナリト認ムルヲ以テ，此制限ノ範囲内ニ於テ原告ノ請求ヲ認容スヘク，其余ハ之ヲ排斥スヘキモノトシ，訴訟費用ニ付テハ民事訴訟法第七十三条二項ニヨリ主文ノ如ク判決シタリ
　　　大正十年六月十六日
　　　台中地方法院
　　　　判官　　能沢茂吉

　右に全文を掲げた判決から見ると，祭祀公業張振隆が係争の対象となっている公業である。同公業がいつごろ，誰によって設定されたかは不明であるが，台中付近に一定の土地を有する公業である。同公業は，九三斗二十石の収租を有する公業地を帝国製糖株式会社に賃貸しており，毎年賃料として九三円の支払いを受けている。その収租は，派下が毎年輪番でこれを行っており，その収益を墓参の費用に充当している。

　本件における紛争は，およそ次のようになろう。原告の主張によれば，大正九年度の輪流収

租権者は原告である張某攀であり，同公業の慣例により原告は前年度後期分と当年度前期分の収租権を有しているにもかかわらず，被告である張天某が帝国製糖株式会社より受納した租谷を原告に支払わないことから紛争が生じた。これに対し，被告の主張は，同年度の輪流収租権者は原告ではなくて張某発なる者であり，したがって被告は原告に対して租谷の支払い義務を有するものではないというものである。もっとも，本件記載事実からは，被告が張某発に対して租谷を支払ったかどうかは不明である。

　以上に見られる両当事者の主張及び裁判所の認定した事実から，本公業の特色として次の点を指摘することができる。第1に，本公業は，その有する土地を会社に賃貸しており，公業の収益である租谷は賃料として現金で支払われているということである。第2に，本公業では輪流収租が行われており，管理人と収租権者とは別の人物であるということである。第3に，収租権者であると主張する原告と，管理人である被告は，ともに同一の住所を有しているということである。この両人がどのような関係にあるかは本件資料からは読み取ることができないが，台北市に現在も存在する祭祀公業陳悦記では1500坪の広大な敷地に建てられた三進から成る屋敷に40ほどの同姓の小家族が居住している例から見て，同一の敷地内に多数居住する小家族であろうと思われる。

　このような特色を持つ祭祀公業の紛争であるが，争点は輪流収租権者は誰であるかという点に絞られている。ところが被告の主張する収租権者である張某発が，大正9年度の収租権者は自分ではなく，原告たる張某攀であると証言したために，裁判所は原告の主張を支持して原告勝訴の判決を下した。被告は，これを不服として控訴した。

　第2審である高等法院覆審部においては，次のような判決が下された。

【判　決】
　台中州豊原郡豊原街林子口一三二番地
　公業張振隆管理人
　　控訴人　　　　張天某
　同所同番地
　　被控訴人　　　張某攀
　　右訴訟代理人　張堂某
　右当事者間大正十年控民第七四八号公業収租金分配請求控訴事件ニ付当法院ハ判決ヲ為スコト左ノ如シ
　主　文
　本件控訴ハ之ヲ棄却ス
　訴訟費用ハ控訴人ノ負担トス
　事　実
　控訴人ハ原判決第一項第三項ヲ左ノ如ク変更ス、被控訴人ノ請求ヲ棄却ス、訴訟費用ハ被控訴人ノ負担トストノ判決ヲ求ムル旨申立テ、被控訴代理人ハ控訴棄却ノ判決ヲ求メタリ事実関係ニ付キ当事者双方ノ演述シタル所ハ被控訴人ニ於テ公業ノ土地ハ甲数二十歩余ニシテ台中州豊原郡豊原街ニ在リ、之ヲ帝国製糖株式会社ニ出租シ居リテ其贌耕料ノ内九三斗二十石ヲ祭祀費用ニ充ツルコトト為リ居ルモノニシテ、本訴人大正八年度晩季分ヲ請求スルモノナリト釈明シ、控訴人ニ於テ右事実ハ之ヲ争ハスト述ヘタル外原判決事実摘示ノ

資　　料

　如クナルニヨリ茲ニ之ヲ引用ス
　立証トシテ被控訴代理人ハ甲第一号証ヲ提出シ, 原審証人林某, 張万某ノ証言ヲ援用シ, 乙第一号証ニ対シ不知ノ陳述ヲ為シ, 控訴人ハ右乙号ヲ提出シ, 甲第一号証ニ対シ不知ノ陳述ヲ為シタリ
　理　由
　本件唯一ノ争点ハ大正九年度ノ輪番ニ該当スルモノハ被控訴人主張ノ如ク被控訴人ナリヤ, 将タ控訴人抗弁ノ如ク訴外張某発ナリヤニ在リ, 案スルニ原審証人林某, 張万某ノ各証言及此等ノ証言ニ依リテ真正ノ成立ヲ認メ得ヘキ甲第一号証和解契約書ヲ総合スレハ, 右被控訴人主張ノ如ク大正九年度ノ輪番ニ該当スルモノハ被控訴人ニシテ訴外張某発ニハ非サルコト明確ニシテ, 乙第一号証ニ依リテハ此認定ヲ翻スニ足ラス, 然ラハ則チ其余ノ被控訴人ノ主張ニ付キ争ナキ本訴ニ於テ被控訴人ノ請求ノ正当ナルコト言ヲ矣タサルニ依リ, 控訴ヲ理由ナシトシ, 主文ノ如ク判決ス
大正十年十一月九日
　高等法院覆審民事第二部
　　　裁判長判官　　　山田示元
　　　　　判官　　　有水常次郎
　　　　　判官　　　姉歯松平

　判決理由に,「本件唯一ノ争点ハ大正九年度ノ輪番ニ該当スルモノハ被控訴人主張ノ如ク被控訴人ナリヤ, 将タ控訴人抗弁ノ如ク訴外張某発ナリヤニ在リ」とあるように, 争点は, 輪番収租権者が誰であるかであった。第１審において, 被告が収租権者であると主張する張某発が真正の収租権者は自分ではないと証言しているのに, あえて控訴すること自体に控訴人にとってどのような訴訟上の利益があるのか, 判然としない。控訴人にとっては, 租谷の交付よりも輪番収租権者の確定のほうが重要な問題であったのかもしれない。
　控訴審判決は, 第１審の判決を支持し, 控訴棄却を判示した。これに対して, 控訴人は第３審である高等法院上告部へ上告した。上告審においては, 日本人弁護士が上告人の訴訟代理人となっている。
　最終審である高等法院上告部は, 次のように判決した。

【判　決】
　台中州豊原郡豊原街林子口一三二番地
　公業張振隆管理人
　上告人　　　　　　　張天某
　右訴訟代理人弁護士　　　岸周
　同所同番地
　被上告人　　　　　　張某攀
　右当事者間公業収租金分配請求事件ニ付大正十年十一月九日高等法院覆審部ニ於テ言渡シタル判決ニ対シ上告ノ申立アリタルヲ以テ上告代理人ノ陳述ヲ聴キ判決スルコト左ノ如シ
　主　文
　本件上告ハ之ヲ棄却ス

理　由

上告代理人弁護士岸周序国論旨第一点ハ原判決書中事実記載ノ所ニ「……其ノ贌耕料ノ内九三斗二十石丈ヲ祭祀費用ニ充ツルコト為リ居ルモノニシテ本訴ハ大正八年度晩季分ヲ請求スルモノナリ……」トアルニ，其理由記載ノ所ニ「本件唯一ノ争点ハ大正九年度ノ輪番ニ該当スルモノハ被控訴人主張ノ如ク被控訴人ナリヤ，将タ控訴人抗弁ノ如ク訴外張某発ナリヤニ在リ……」トアリテ，其ノ事実記載ノ所ニ於テハ八年度晩季分カ係争ノ目的トナル如ク摘示スルニ，其理由ヲ記載スル所ニ至リ大正九年度分カ其目的トナル如ク判示スルハ判決要件掲示ヲ誤リタル不法アリ，蓋シ本訴請求ハ夫レ自体ニ於テ大正九年度ノ租谷ニ関係スルモノナルニ，其事実上ノ請求ハ大正八年度晩季分ナリ，如是事実ヲ尚大正九年度租谷ト称シ得ヘカラサルハ一般観念上明ナル事実ニシテ之ヲ度外視シテ判決書中理由記載ニ掲示スル如ク大正九年度分トナスハ，判決要件掲示ヲ誤リタル不法アリト言フヘシト云フニ在リ

然レトモ所論原判示ハ大正九年度分ノ租谷カ本件請求ノ目的ナル旨ヲ説示シタルニ非ス，原判決ニ引用セル第一審判決事実掲示ヲ観ルニ本件公業ニ於テハ収租輪番ニ当リタル者カ其前年度後期分及其当年度ノ前期分ヲ収租スル権利ヲ有スルコトハ当事者間ニ争ナキ旨記載シアルヲ以テ，大正八年度後期ノ租谷ヲ請求スル本訴ニ在リテハ其翌大正九年度ノ収租輪番ニ当リタル者ハ何人ナリヤヲ判定スルヲ要シ，所論判示ハ此趣旨ヲ説明シタルモノナレハ何等不法存スルコトナク論旨ハ理由ナシ

同第二点ハ原判決書理由記載ノ所ニ「本件唯一ノ争点ハ大正九年度ノ輪番ニ該当スルモノハ被控訴人主張ノ如ク被控訴人ナリヤ，将タ控訴人抗弁ノ如ク訴外張某発ナリヤニアリ，案スルニ……右被控訴人主張ノ如ク大正九年度ノ輪番ニ該当スルモノハ被控訴人ニシテ訴外張某発ニハ非サルコト明確ニシテ……」トアルハ条理ノ適用ヲ誤リタル失当アリ，蓋シ「大正九年度ノ輪番ニ該当スルモノハ」トノ意味ハ大正九年度ノ収租権者ヲ意味スルナルヘシ，果シテ然ラハ大正九年度ノ収租権ヲ有スルモノハ被上告人及訴外張某発ノ所属スル房カ之ヲ有スルモノニシテ，甲第一号証和解書ノ内容ヲ点検スルトキハ，同房ヲ代表シテ収租シ得ル権利者ニ争ヲ生シ権利者自体ヲ決定スルヲ得ス，収租額ヲ折半シテ各半額宛被上告人ト訴外張某発ヲシテ収租スル様協調成立シタルモノナリ，之ニ由ツテ見ルモ被上告人ト訴外張某発カ大正九年度ニ於ケル各独立シタル一個ノ収租権者ナルカ如キ推定ヲ以テ判示スル原判決ハ其論旨ノ前提トナルヘキ推定カ夫レ自体ニ於テ当ヲ得サルモノナルコト明カナリ，寧ロ斯種ノ問題ハ同房ニ於ケル内部関係ニシテ上告人トシテハ何等関知セサル所ノモノタルヘキナリ，上告人トシテハ従来ノ約旨ニ従ヒ訴外張某発ヲ以同房ノ代表者ト認メ，租谷支払ヲナシタルモノナルコト明ナリ，之ニ由ツテ見ルモ原判決カ其判示ノ前提タル事実関係ヲ判断スルニ当リ条理ノ適用ヲ誤タルコトハ詢ニ明瞭ナリト言フ可シト云フニ在リ

然レトモ原判決ニ引用セル第一審証人林某及張万某ノ各証言及甲第一号証ヲ査閲スルトキハ原判示ノ如ク大正九年度ノ輪番ニ該当スルモノハ被控訴人（被上告人）ナルコトヲ認ムルニ足リ毫モ条理ニ違背スルコトナシ，要スルニ本論旨ハ原審ノ専権ニ属スル証拠ノ取捨判断並ニ事実認定ヲ批難スルニ帰シ，上告適法ノ理由トナラス

以上説明ノ如ク本件上告ハ理由ナキヲ以テ民事訴訟法第四百三十九条第一項ニ従ヒ主文ノ

資　　料

　　如ク判決ス
　　大正十一年一月十九日
　　高等法院上告部
　　　裁判長判官　　谷野格
　　　　判官　　望月恒造
　　　　判官　　後藤和佐二
　　　　判官　　中上友三郎
　　　　判官　　鈴木英男

　上告審は，結果的には上告を棄却し，第1審および第2審と同様に被上告人勝訴の判決を下した。しかし，輪番収租権者に関して下級審の事実認定を批判し，いくつか興味深い指摘を行っている。第1に，第2審までは大正8年度後期および大正9年度前期分の収租をまとめて大正9年度の収租と称してきたが，大正8年度後期分を大正9年度の収租に含めることはできないと言う。慣例上，本公業においては，大正9年度の収租権者が大正8年度後期分を収租しているとは言え，訴訟上は年度という表現を正確に扱おうとしているのである。

　第2に，収租権者は，「大正九年度ノ収租権ヲ有スルモノハ被上告人及訴外張某発ノ所属スル房カ之ヲ有スルモノ」であると論じたことである。収租権は，特定の個人ではなく，房にあると判示したのである。その結果，個人を収租権者とみなしてきた下級審の判断はいずれもその前提自体に問題があることになる。そして，誰が収租権を有するかという本件訴訟の最初から問題とされてきた事柄は，「斯種ノ問題ハ同房ニ於ケル内部関係」であると言う。要するに，祭祀公業の一般的な形式においては，収益権を含む財産権の帰属は，第一次的には公業の各房にあり，その房の中の誰に帰属するかは，房において決めるべき事柄であると言うのである。祭祀公業の本来のあり方に沿った判断であると言えよう。

　以上において，台中地方法院に所蔵されている日本統治時代の判決をもとに祭祀公業にまつわる紛争の1事例を見てきた。本件事例から読み取ることができる点を整理しておこう。

　まず，当時の訴訟に要した時間である。本件訴訟がいつ第1審に係属したかは判然としないので，第1審において判決までに要した時間がどの程度であったかは分からない。しかし，第1審の判決が大正10年6月16日に下されており，第2審の判決が大正10年11月9日に下されていることから，控訴後，判決を受けるまでに要した時間はおよそ5か月であった。次に，上告審の判決が下されたのが大正11年1月19日であることから，上告後，判決を受けるまでに要した時間は2か月であったことが分かる。このような訴訟に要する時間が当時一般的であったかどうかは現段階では判然としないが，当時の訴訟の速度を考える上で1つの資料となろう。

　次に，原告は新しい証拠がないにもかかわらず，控訴，上告していることである。およそ勝ち目のない訴訟を継続することにどれほどの意味があったのか，第三者から見ると理解しがたいものがある。あるいは，訴訟好きと言われた当時の台湾人の傾向がここにも見られるのかもしれない。

　最後に，祭祀公業の収益である租谷は，まず公業を構成する房に帰属し，その後房の内部を構成する派下に帰属することを確認したことである。

　（出典）資料は台湾台中地方法院所蔵判決原本による。

参 考 文 献

　ここに収録したのは，日本語で著されたもので，比較的容易に入手できるもののみである．単行論文については，交流協会日台交流センターのホームページ上に日本台湾学会編「戦後日本における台湾関係文献目録」が公開されているので，研究を進めたい場合にはそれを利用されたい．

　　王育徳『台湾――苦悶するその歴史――』（弘文堂，1964 年）
　　向山寛夫『植民地台湾の治安法制』（国学院大学，1967 年）
　　黄昭堂『台湾民主国の研究――台湾独立運動史の一断章――』（東京大学出版会，
　　　1970 年）
　　山辺健太郎編（著）『現代史資料（21・22 巻）』（みすず書房，1971 年）
　　彭明敏，黄昭堂『台湾の法的地位』（東京大学出版会，1976 年）
　　鹿野政直，由井正臣編『近代日本の統合と抵抗（全 4 巻）』（日本評論社，1982 年）
　　王育徳『台湾海峡』（日中出版，1983 年）
　　北岡伸一『後藤新平――外交とヴィジョン――』（中央公論社，1988 年）
　　戴國煇『台湾――人間・歴史・心性――』（岩波書店，1988 年）
　　臨時台湾旧慣調査会『清国行政法――臨時台湾旧慣調査会第一部報告――』（1914 年，
　　　南天書局復刻，1989 年）
　　外務省条約局編『外地法制誌（全 9 巻）』（文生書院復刻，1990 年）
　　若林正丈『台湾海峡の政治――民主化と「国体」の相剋――』（田畑書店，1991 年）
　　　　同　　『東アジアの国家と社会 2 台湾――分裂国家と民主化――』（東京大学出版会，
　　　1992 年）
　　　　同　　『台湾抗日運動史研究〔増補版〕』（研文出版，2001 年）
　　　　同　　『台湾の政治――中華民国台湾化の戦後史――』（東京大学出版会，2008 年）
　　『岩波講座　近代日本と植民地（全 8 巻）』（岩波書店，1992 年，1993 年から）
　　伊藤潔『台湾――四百年の歴史と展望――』（中央公論社，1993 年）
　　姉歯松平『本島人のみに関する親族法並びに相続法の大要』（南天書局復刻，1994 年）
　　　　同　　『祭祀公業並びに台湾に於ける特殊法律の研究』（南天書局復刻，1994 年）
　　臨時台湾旧慣調査会『台湾私法』（1910 年，南天書局復刻，1995 年）
　　井出季和太『南進台湾史攷』（誠美書閣，1943 年，南天書局復刻，1995 年）
　　小森恵編『覆審・高等法院判例』（文生書院，1995 年）
　　殷允芃編（丸山勝訳）『台湾の歴史――日台交渉の三百年――』（藤原書店，1996 年）
　　喜安幸夫『台湾の歴史――古代から李登輝体制まで――』（原書房，1997 年）

参 考 文 献

矢内原忠雄『帝国主義下の台湾』(岩波書店, 1929 年, 南天書局復刻, 1997 年)
台湾総督府編『台湾統治概要』(1945 年, 南天書局復刻, 1997 年)
井出季和太『台湾治績志』(台湾日日新報社, 1937 年, 南天書局復刻, 1997 年)
小熊英二『〈日本人〉の境界——沖縄・アイヌ・台湾・朝鮮植民地支配から復帰運動まで』(新曜社, 1998 年)
中川昌郎『中国と台湾——統一交渉か, 実務交流か——』(中央公論社, 1998 年)
持地六三郎『台湾殖民政策』(富山房, 1912 年, 南天書局復刻, 1998 年)
鷲巣敦哉著, 吉原丈司, 中島利郎編『鷲巣敦哉著作集 4 台湾統治回顧談』(緑蔭書房, 2000 年)
黄文雄『台湾・朝鮮・満州・日本の植民地の真実』(2003 年)
河添恵子『台湾新潮流——ナショナリズムの現状と行方——』(双風舎, 2004 年)
浅野豊美, 松田利彦編『植民地帝国日本の法的構造』(信山社, 2004 年)
林玉茹・李毓中 (森田明監訳)『台湾史研究入門』(汲古書院, 2004 年)
末光欣也『日本統治時代の台湾 —— 台湾の歴史——1895～1945 年/46 年 五十年の軌跡』(致良出版社, 2004 年)
鶴見祐輔『正伝・後藤新平——決定版』(藤原書店, 2005 年)
松田康博『台湾における一党独裁体制の成立』(慶應義塾大学出版, 2006 年)
周婉窈 (石川豪, 中西美貴訳)『図説台湾の歴史』(平凡社, 2007 年)
西川潤, 蕭新煌編『東アジアの市民社会と民主化——日本, 台湾, 韓国にみる——』(明石書店, 2007 年)
西川潤, 蕭新煌編『東アジアの社会運動と民主化』(明石書店, 2007 年)
許世楷『日本統治下の台湾——抵抗と弾圧——』(東京大学出版会, 1972 年, 2008 年復刻)
猪口孝, M・カールソン編『アジアの政治と民主主義——ギャラップ調査を分析する——』(西村書店, 2008 年)
岡本真希子『植民地官僚の政治史——朝鮮・台湾総督府と帝国日本——』(三元社, 2008 年)
春山明哲『近代日本と台湾——霧社事件・植民地統治政策の研究——』(藤原書店, 2008 年)
『日本統治下台湾における紛争処理資料——台中地方法院所蔵判決原本——』(東洋大学アジア文化研究所 (DVD 版), 2008 年)
川島真, 清水麗, 松田康博, 楊永明『日台関係史——1945‑2008』(東京大学出版会 2009 年)

あ と が き

　抵抗と統合——この言葉が台湾の歴史を最も端的に表すものとして一般化しているると言ってよいであろう。日本統治時代における台湾民衆と総督府支配との関係，本省人と戦後の国民党支配との関係，民進党と戒厳令解除後の国民党支配との関係，あるいは台湾と中華人民共和国との関係もこの範疇に入れてよいかもしれない。政治的意見表明の自由を中心として見れば，たしかにこのような分析軸によって台湾の歴史を語ることになるであろう。しかし，実際に台湾の人々と接してみると，果たしてこのような分析軸が妥当であるのかどうか，疑問を感じずにはいられない。

　1996（平成8）年，1年間の長期滞在研究の機会を得て初めて台湾の土を踏んだ私に対して，台湾の人々はあまりにも優しかった。日本統治時代の末期に生まれ，あるいは少年時代を過ごした年配の人々は，国民党支配下の抑圧時期に対する嫌悪感もあるのであろうが，日本統治時代について肯定的な評価をするのがほとんどであった。台湾の人々を親日的と見る多くの旅行者や駐在員の印象もこのようなものであろう。いったいこれはどうしたことであろうか。抵抗と統合という歴史観で台湾を見ることは，植民地史観の1つの帰結ではあろうが，そこに生きる人々の生の歴史観と乖離しているのではないか。このような思いを強くして，在外研究を終えた。

　その後，2003（平成15）年に再度1年間の長期滞在の機会を得，台湾の人々の生活の中に根ざして歴史を見てみたいという思いから，あえて日本人のほとんど住まない台北県蘆洲市に住んでみた。そこには，洗練されつつある大都会台北とはまた違う生活文化があった。かつて身を置いた台北市内の大学を中心として見てきた台湾は，民主主義や法治主義といった西洋近代の価値観を中心として展開される社会であり，その理想との偏差が語られる社会であった。ところが，台湾の下町とも言うべき蘆洲に暮らす人々は，そのような価値観に一定の理解を示しつつも，地縁・血縁を中心とした独自の生活文化を築いているように思われた。台北市内ではほとんど見かけなくなった路地を封鎖しての冠

あとがき

　婚葬祭が今も普通のこととして行われ，地縁・血縁を中心とする社会的連帯がその社会の秩序を形成する大きな要因となっていた。このように今も現実に存在している伝統的なこの社会に固有の社会的連帯形成要素が日本統治下においてどのように日本人の目に映り，どのように取り扱われていったのか，それは近代的統治秩序とどのような関係に置かれたのか。このようなことを知りたいと思い，血縁の紐帯の典型とも言うべき祭祀公業の法的側面に関する研究から台湾研究に入っていった。

　下町に暮らす人々からは，実に多くの教示を得，実際にいくつもの祭祀公業の関係者に話をうかがうこともできたし，祭祀公業をめぐる多様な紛争の実態に接することもできた。伝統的な社会的連帯の方式の1つとでも言うべきものを中心軸に置いて台湾の歴史を見てみると，そこには抵抗と統合という図式とは異なり，生存の場をいかにして維持していくかという観点が現れてくる。すなわち，国家という近代的図式の中に生存の場を見出すのか，それとも国家とは距離を置いたところに生存の場を見出すのかという問題がこれである。「国家なき社会の共存原理」という近代法学にはなじまない課題を設定してトヨタ財団から研究助成金をいただいた折に構想していたのはこのようなことであった。

　ところで，このような観点から研究を進めて行くうちに日本統治時代から現代に至る台湾の国家秩序の重要な要素である法に関する鳥瞰図が容易に手に入らないことに気づいた。日本近代法史の研究者にとっては，台湾の法史の研究にまでなかなか手が回らないようであり，他方台湾法の専門家もあまりいないようである。このような学界状況にあっては，まず鳥瞰図の作成が必要であろう。幸いにも法律文化社の理解を得て，その作業に取り掛かることになった。できる限り抵抗と統合という植民地史観から自由に，特定の価値評価を交えずに叙述することを基本方針としたが，筆者自身がいまだ独自の歴史観を確立し得ていないこともあり，それに成功したとは言い難い。しかし，現時点では，このような鳥瞰図でもそれなりの役割は果たし得たものと思う。

　本書では，学生諸君が容易に接することのできるようにとの考えから，いわゆる注は一切付さなかった。まずは関心を持ってもらうことが重要であり，研

究の一助となるのはそれからでもよいであろうと判断したからである。本書の大部分は，新たに書き起こしたもの，あるいはかつて書いたものを基礎として書き起こしたものであるが，第2部第3章「戦後台湾における祭祀公業の変遷」は『アジアの経済発展と伝統文化の変容』（東洋大学アジア文化研究所・アジア地域研究センター，2007年），第3部第1章「台湾における罪観念──『玉歴鈔伝』の描く罪とその予防──」は『法学新報』（中央大学法学会）第113巻11・12号（2007年），同第2章「法文化と食文化」は『東洋』（東洋大学通信教育部）第37巻10号（2000年）に発表したものを基礎として，若干の手直しを加えたものである。ただし，本書の性格上注は削除した。

　本書の成るについては，さまざまな形で現地調査の機会を提供していただいた関係諸機関にお礼を申し上げなければならない。とりわけ台湾に現存する日本統治時代の判決原本の撮影に便宜を図っていただいたトヨタ財団，筆者の関心を文化研究の地平にまで拡げていただいた私立大学学術研究高度化推進事業・学術フロンティア（採択課題：東アジア・東南アジア諸国に見る経済発展と都市化による伝統文化の変容──大都市・地方都市・農村の比較──）の関係諸氏には多大なご援助をいただいた。ここに衷心より御礼申し上げたい。また，出版に当たっては，生来怠惰な上に，学部運営に労力を割かざるを得なくなった筆者を励まし続けていただいた法律文化社の畑光氏に筆舌に尽くしがたいほどお世話になった。末筆ではあるが，深甚の謝意を表したい。

　2009（平成21）年5月11日

東洋大学法学部研究室にて

後 藤 武 秀

■著者紹介

後藤　武秀（ごとう　たけひで）

1954年，兵庫県生まれ
中央大学法学部法律学科卒業
同大学院法学研究科刑事法専攻博士前期課程を経て，1984年後期課程中退
1986年，敦賀女子短期大学日本史学科専任講師
1991年，東洋大学法学部法律学科専任講師
同助教授をへて現在，東洋大学法学部教授

主な著書・論文

『法社会学と比較法』共訳（中央大学出版部，1987年）
『西ドイツ比較法学の諸問題』共訳（中央大学出版部，1988年）
『中国法制史(上)』共訳（中央大学出版部，1993年）
『中国法制史(下)』共訳（中央大学出版部，1995年）
『律令法とその周辺』共著（汲古書院，2004年）
『法史学的伝承, 方法与趨向』共著（中国法制史学会，2004年（台湾））
「臨時台湾旧慣調査会における祭祀公業令の起草」（アジア文化研究所研究年報33号，1999年）
「日治時期之祭祀公業」（アジア文化研究所研究年報34号，2000年）
「現代における祭祀公業の一例──祭祀公業陳悦記における財産処分」（地域文化研究6号，2002年）

台湾法の歴史と思想

2009年9月20日	初版第1刷発行
2023年4月10日	初版第5刷発行

著　者　　後藤武秀

発行者　　畑　　　光

発行所　　株式会社　法律文化社

〒603-8053
京都市北区上賀茂岩ヶ垣内町71
電話 075(791)7131　FAX 075(721)8400
https://www.hou-bun.com/

印刷：共同印刷工業㈱／製本：㈲坂井製本所
装幀：石井きよ子

ISBN 978-4-589-03179-2

© 2009 Takehide Goto　Printed in Japan

乱丁など不良本がありましたら、ご連絡下さい。送料小社負担にてお取り替えいたします。
本書についてのご意見・ご感想は、小社ウェブサイト、トップページの「読者カード」にてお聞かせください。

JCOPY 〈出版者著作権管理機構　委託出版物〉

本書の無断複写は著作権法上での例外を除き禁じられています。複写される場合は、そのつど事前に、出版者著作権管理機構（電話 03-5244-5088、FAX 03-5244-5089、e-mail: info@jcopy.or.jp）の許諾を得て下さい。

蔡 秀卿・王 泰升編著
台 湾 法 入 門
Ａ５判・244頁・3300円

台湾出身で日本で学んだ執筆者による概説書。日本との異同を意識し，比較法研究として重要な分野・テーマを取り上げる。各法分野では「歴史」「構造の特徴」「原理原則」「判例」を解説し，法的地位や法教育にも論及する。

石岡 浩・川村 康・七野敏光・中村正人著
史料からみる中国法史
四六判・240頁・2575円

初学者にとって理解困難な史料を，現代日本語訳とやさしい語り口で読み解くユニークな入門書。中国法の変遷を概観したうえで，法学入門的なトピックを切り口に現代日本法との比較のなかで中国法史をわかりやすく叙述する。

西村幸次郎編〔NJ叢書〕
現代中国法講義〔第3版〕
Ａ５判・276頁・3190円

第2版刊行（05年1月）以降の中国法の重要な立法・法改正（物権法・商法など）をふまえて改訂。グローバル化の影響を受けながら展開する中国法制の全般的動向を理解するうえでの最適の書。

村上一博・西村安博編〔HBB⁺〕
新版 史料で読む日本法史
四六判・364頁・3630円

学生の知的好奇心を刺激するトピックを選び，現代の法的問題とも結び付く法意識や裁判の観点から日本法史の世界を探検。史料を読み解きながら解説を加える方針を踏襲し，総論・古代法・近代法を補訂。史料の体裁も刷新。

山中永之佑編
新・日本近代法論
Ａ５判・392頁・3960円

現代法の理解には，そのルーツである近代法の研究が不可欠であるとのモットーを掲げ，その歴史的背景を多角的に説く。大日本帝国憲法の制定，訴訟法制，財産法制の3章と網羅的な参考文献一覧を新設した充実の新版。

山中永之佑編
日本近代法案内
—ようこそ史料の森へ—
Ａ５判・320頁・3630円

現代日本の基礎が築かれた近代にスポットをあて原史料を素材にしながら近代法制度を読み解く。史料こそ何ものにも勝る証言者。リアルに当時が甦り現代との関連がわかる新たな試みの書。コンパクトな解説・コラム付。

―法律文化社―

表示価格は消費税10%を含んだ価格です